John Clabby

NATURGESCHICHTE DES PFERDES

JOHN CLABBY

Naturgeschichte des Pferdes

ERICH HOFFMANN VERLAG
HEIDENHEIM AN DER BRENZ

Aus dem Englischen übersetzt von Sigrid Eicher, München
Titel der englischen Originalausgabe:
THE NATURAL HISTORY OF THE HORSE

Verlag George Weidenfeld and Nicolson Limited, London

CIP-Kurztitelaufnahme der Deutschen Bibliothek:
Clabby, John
Naturgeschichte des Pferdes
Heidenheim an der Brenz, Hoffmann, 1978
Einheitssacht.: The natural history of the horse ⟨dt.⟩
ISBN 3-87343-421-0

Herstellung: Hieronymus Mühlberger, Augsburg
Printed in Germany 1978

INHALT

LICHTBILDNER

Fores Ltd 91 (2)

Mansell Collection 14

Novosti Press Agency 85 — 111 — 112 — 114 — 115 (2) — 117

Radio Times Hulton Picture Library 45 — 67 — 91 — 100

Sally Anne Thompson (Animal Photography Ltd) 56 — 96 — 97 (2) — 102 — 103 — 104 — 105 — 107 — 108 — 118 — 139 — 141 — 142

Zoological Society of London 43 — 48/49 — 54 — 59 — 61 (2)

Der Schutzumschlag zeigt eine Pferdeskizze von Leonardo da Vinci. Leihgabe aus der Königlichen Bibliothek in Windsor, reproduziert mit freundlicher Genehmigung der Königin von England, Elizabeth II.

VORWORT

Als Arbeitstier ist das Pferd in der westlichen Welt fast völlig vom Verbrennungsmotor verdrängt worden, aber seit es sich nicht mehr im Dienste des Menschen plagen muß, erfreut es sich ständig steigender Beliebtheit als Freizeitpartner; immer mehr Menschen finden »das Glück der Erde auf dem Rücken der Pferde«. Der schnell wachsenden Zahl von Reitern und Freunden des Pferdes ist dieser fesselnde Bericht über die Geschichte, das Leben und die Artverwandten dieses Kameraden des Menschen gewidmet.

Kaum jemand könnte qualifizierter dafür sein, die Naturgeschichte des Pferdes zu schreiben, als John Clabby. Er wurde in Indien geboren und erhielt seine Erziehung und Ausbildung an der Taunton School und dem Royal Veterinary College in London. Nach Abschluß des Studiums 1932 ging er als Tierarzt im Offiziersrang zum Royal Army Veterinary Corps und verbrachte die Jahre bis 1939 hauptsächlich bei indischen Kavallerieregimentern. Bei Ausbruch des 2. Weltkriegs ging er mit den 9 000 Pferden der 1. Kavallerie-Division nach Palästina. Von dort begleitete er zwei mit Maultieren als Tragtieren ausgerüstete Kompanien nach Eritrea. Im April 1941 brachte er die Ausstattung eines Tierhospitals nach Griechenland.

Nach seiner Pensionierung trat Clabby in den Dienst einer speziell dem Pferd gewidmeten Forschungsgruppe (Equine Research Station of the Animal Health Trust) in Newmarket, danach ging er als Chief Executive Officer in die Hauptverwaltung des Trusts nach London. Dort arbeitet er heute noch. Während seiner Auslandsjahre spielte er Polo und nahm an Springprüfungen teil, zu Hause in England ritt er mit Vorliebe hinter bekannten Meuten.

Ein Blick auf die Inhaltsangabe dieses Buches zeigt, wie weit John Clabby den Rahmen seines Themas steckt. Er verfolgt die Entwicklung des Pferdes und seiner Artverwandten über eine immens große Zeitspanne, von den ersten bekannten Vorfahren im Paläolithikum vor 6 Millionen Jahren bis heute. Weiter beschreibt er die Wildesel, Esel, Onager und Zebras unserer Zeiten, von denen viele Arten, die einst im Überfluß vorhanden waren, heute fast ausgerottet sind. Über den Ursprung des domestizierten Pferdes und die vielen verschiedenen Rassen, die der Mensch für seine Zwecke gezüchtet hat, weiß der Autor eine Fülle hochinteressanter Einzelheiten zu berichten, die den Naturforscher wie den Pferdenarren gleichermaßen fesseln werden. Sein Kapitel über das soziale Verhalten der Equiden enthält die neuesten Forschungsergebnisse aus dem wachsenden Wissensgebiet der Ethologie, und das Kapitel über die Pferdezucht beruht auf dem modernsten Stand des Wissens über die Vererbung seit der Entdekkung der Doppelhelix und der Struktur der Desoxyribonukleinsäure (DNS), der physikalischen Basis der Erbanlagen. Im letzten Kapitel über mit dem Pferd verbundene Handwerksberufe schließlich wird die Entwicklung der Pferdehaltung durch den Menschen im Verlauf der Jahrhunderte geschildert.

Dieses Buch, geschrieben von einem, der sein Leben lang dem Pferd verbunden war, ist eine hervorragende Naturgeschichte und gibt dem Leser — ob allgemein naturwissenschaftlich oder nur am Pferd interessiert — einen höchst lesenswerten Bericht über das Tier, das in der Geschichte des Menschen eine so einzigartige Rolle gespielt hat.

L. Harrison Matthews

ÜBERBLICK

Zur Familie der Pferde, den Equiden, gehören Pferde, Esel, Onager und Zebras. Von ihnen und ihren Vorfahren handelt dieses Buch. Auf die in Tabelle 1 dargestellte geologische Zeiteinteilung wird bei der Schilderung der Geschichte dieser Vorfahren, die sich anhand von Fossilien Millionen von Jahre zurückverfolgen läßt, noch häufiger verwiesen werden, erstreckt sich die zu schildernde Zeitspanne doch auf das gesamte Känozoikum, das Zeitalter der Säugetiere, das die Perioden des Tertiär und des Quartär umfaßt und bis in die heutige Zeit reicht.

Geologische Zeiteinteilung

Zeitalter	*Periode*	*Epoche*	*Ungefähre Zeit bis heute, in Millionen Jahre*
	Quartär	Neuzeit	
		Eiszeit	3
Känozoikum	Tertiär	Pliozän	7
		Miozän	26
		Oligozän	38
		Eozän	54
		Paläozän	65
Mesozoikum		Kreide	135
		Jura	190
		Trias	230

Die Familie der Equidae ist eine von dreien, die heute die Ordnung der unpaarzehigen Huftiere bildet, zu denen im Tertiär noch vierzehn Familien gehörten. Die anderen noch überlebenden sind die Familien der Rhinocerotidae und der Tapiridae.

Zu den gemeinsamen Eigenschaften von Pferden, Nashörnern und Tapiren gehört, daß sie alle Pflanzenfresser sind und ein zur Aufnahme von Blättern oder Gräsern geeignetes Gebiß haben. Weiter sind sie alle Huftiere, bei denen das Hauptkörpergewicht auf der dritten Zehe der Gliedmaßen ruht: eine Eigenschaft, die sie klar von den Paarzehern oder Klauentieren unterscheidet.

Typisch für die Unpaarzeher ist, daß sich im Verlauf der Evolution die Anzahl der Finger bzw. Zehen von den ursprünglichen fünf der Säugetiere, die beim Menschen erhalten geblieben sind, beim heutigen Pferd auf eine Zehe, bei den Rhinozerossen auf drei oder vier Zehen an den Vorderbeinen und drei an den Hinterbeinen reduzierte, während der Tapir die Gliederform seiner frühen Vorfahren beibehielt: vier Zehen mit Hufen und Sohlenballen an den Vorder- und drei an den Hinterfüßen.

Die ersten Vertreter der Spezies traten im Eozän auf, und die Fossilienfunde aus dieser Epoche beweisen, daß der früheste direkte Vorfahr des Pferdes, *Hyracotherium* oder auch *Eohippus* genannt, zu dieser Zeit in Europa und Nordamerika zahlreich zu finden war. Offensichtlich handelte es sich um eine höchst erfolgreiche Spezies, die besonders gut an das Leben in den tropischen und halbtropischen Wäldern angepaßt war, die damals einen Großteil der nördlichen Hemisphäre bedeckten. Nichtsdestoweniger brachten es auch ihre Nachkommen fertig, sich zu Tieren zu entwickeln, die sich in der sehr verschiedenen Umwelt der folgenden Epochen als ebenso erfolgreich erwiesen. Geographie, Klima und Pflanzenwuchs änderten sich nämlich derartig drastisch, daß viele Formen tierischen Lebens zwangsläufig davon beeinflußt wurden.

Der folgende kurze Überblick verdeutlicht die wichtigsten Veränderungen der Umwelt während des Tertiär und des Quartär, soweit sie für die Entwicklung der Equiden von Bedeutung war. Australien bleibt unerwähnt, weil es als sicher gelten kann, daß es keine Huftiere auf der Insel gab, bevor die ersten Siedler sie in unserer Zeit dorthin mitbrachten.

Auch Südamerika war einmal eine Insel. Und während des größten

Teils des Tertiärs entwickelten sich in dieser Isolation pferdeähnliche Geschöpfe aus ganz anderen Vorfahren als dem Eohippus. Sie entwickelten spezialisierte Gliedmaßen und ein pferdeähnliches Gebiß und nahmen in der Ökologie einen ähnlichen Platz ein. Mit der Vereinigung von Nord- und Südamerika durch den Isthmus von Panama kam es im Pliozän schließlich zu einem Austausch der Tierwelt. Bis zum Pleistozän hatten echte Pferde aus dem Norden ihr südamerikanisches Gegenstück ersetzt, das in der Folge ausstarb. In Afrika war verhältnismäßig wenig von der Gebirgsbildung zu spüren, die im Tertiär und im Pleistozän einen so großen Teil der Welt beeinflußte; das afrikanische Klima blieb relativ stabil. Nach Cracraft (13) könnte Afrika im Tertiär ein den heutigen Verhältnissen ähnliches Klima gehabt haben, nur daß der Norden wahrscheinlich weniger trocken als heute und von Wald bedeckt war. Nach dem Miozän scheinen selten Verbindungsschwierigkeiten zu Eurasien bestanden zu haben. Mit dem Einsetzen der Eiszeit zogen sich viele Tierarten nach Afrika zurück. Einige wie z. B. die Zebras blieben für immer dort, andere wie die Nilpferde und Hyänen kehrten während der wärmeren Zwischeneiszeiten in den Norden zurück (Romer 49).

Das tertiäre Europa war eine Halbinsel, die mit Asien eine zusammenhängende Landmasse bildete, die wiederum während des größten Teils des Tertiärs und des Pleistozäns durch eine Landbrücke über die Beringstraße mit Nordamerika verbunden war.

Zu Beginn des Tertiär gab es zwischen den Polen und dem Äquator nicht den drastischen Temperaturunterschied von heute. Tropische Wälder erstreckten sich nördlich bis Alaska. Cracraft (13) hält es für möglich, daß ein Großteil des östlichen Kanada, Grönland und Skandinavien von ähnlichen Wäldern bedeckt war und im nordwestlichen Teil von Nordamerika und in Asien zu dieser Zeit ein an warmes Klima gebundener, breitblättriger Laubwald vorherrschte.

Dann setzte ein deutlicher Temperaturrückgang ein. Gleichzeitig gingen die Meere zurück, so daß neue Küsten entstanden, und über dem zuvor flachen Land wölbten sich gewaltige neue Gebirge auf — der Himalaya, die Rockies, die Alpen, die Anden und andere —. Das nachfolgende kühlere und trockenere Wetter veränderte die Beschaffenheit des Baumbestands, ließ die Größe der zusammenhängenden

Waldgebiete zurückgehen und verschob die Baumgrenze weiter nach Süden. Schließlich entstanden im späten Miozän und Pliozän weite Grasflächen, die späteren Prärien, Pampas, Steppen und Savannen.

Die Temperaturen sanken immer noch, bis es zu den Eiszeiten des Pleistozän kam. Romer (49) faßt die Vergletscherung der Eiszeit wie folgt zusammen:

Die Ausdehnung der Gletscher war im Verlauf des Pleistozän erheblichen Schwankungen unterworfen. Dem Augenschein nach rückten die Gletscher, die einen Großteil Europas und Nordamerikas bedeckten, viermal hintereinander nach Süden vor. Gleichzeitig mit diesem Vorrücken entstanden weite Tundren, begrenzte Vergletscherungen in südlicheren Bergmassiven und eine Verschiebung der Klimazonen, so daß Gebiete wie die Sahara und die Wüsten im Südwesten der Vereinigten Staaten zu jener Zeit über genügend Wasser verfügten. Zwischen den Eiszeiten gab es drei Zwischeneiszeiten, in denen sich die Klimazonen weit nach Norden verschoben, so daß in großen Teilen Europas und Nordamerikas im wesentlichen tropische Bedingungen herrschten.

Nordamerika war während des gesamten Tertiärs die eigentliche Heimat der Familie der Equiden, und dort entwickelte sich gegen Ende des Pliozän auch die Spezies *Equus*, unsere modernen Equiden. *Equus* breitete sich nach Südamerika und Eurasien aus und bevölkerte im Pleistozän in reicher Zahl die Alte und die Neue Welt. Die erste wesentliche Berührung zwischen *Equus* und Homo sapiens muß zu dieser Zeit in der Alten Welt stattgefunden haben.

Wahrscheinlich entstand der Mensch im Pliozän in Afrika und breitete sich im Pleistozän bis nach Eurasien aus. Er war auf Wild angewiesen, um leben zu können, und die frühen Steinwerkzeuge scheinen zum Abhäuten der Beute gedient zu haben. Während zunächst einzelne Tiere mit Holzspeeren erlegt wurden, verfeinerten sich die Jagdmethoden mit der Zeit soweit, daß eine größere Anzahl von Tieren in Fallgruben oder ähnlichem gefangen wurden — eine Methode, die besonders bei leicht zu erschreckenden und in eine bestimmte Richtung zu treibenden Pferdeherden Erfolg versprach. Pferdefleisch bildete in Europa mit Sicherheit einen Hauptbestandteil der Ernährung des Menschen. Kurten (33) weist darauf hin, daß verschiedene Stämme auch eine Vorliebe für eine bestimmte Beute hatten. Manche liebten Mammut, andere Rentiere und wieder andere Pferde, und zwar in solchem Maße, daß in ihrem Abfall die Überreste von Tausenden von Wildpferden gefunden wurden. Trotz dieser Dezimierung gab es in Eurasien Wildpferdeherden bis in unsere Zeit.

In Amerika verlief die Entwicklung anders. Gegen Ende der Eiszeit überquerte der Mensch die damals landfeste Beringstraße und drang nach Nord- und Südamerika vor. Etwa um die gleiche Zeit starb das Pferd auf dem amerikanischen Kontinent aus. Es liegt nahe, dieses Aussterben mit dem Auftreten des Menschen in Zusammenhang zu bringen, aber weder die Theorie des übermäßigen Bejagens noch die einer hohen Sterblichkeit infolge einer heftigen Epidemie oder eine andere der vielen vorgeschlagenen Erklärungen lassen sich durch Beweise erhärten. Das Geheimnis bleibt ungeklärt.

Das allmähliche Abschmelzen der riesigen Eisflächen, die während der letzten Eiszeit entstanden waren, hatte u. a. eine Überflutung der tiefer gelegenen Küsten, ein wärmeres, regnerischeres Klima in Europa, das die Ausbreitung von Wäldern begünstigte, und ein trockeneres Klima in Afrika und Asien, das früher fruchtbare Zonen in Wüsten verwandelte, zur Folge. Nach Oakley (45) führte dies zu einer Abwanderung und Verkleinerung der Tierherden, und die Knappheit an Beutetieren schuf eine bedrohliche Situation für den eiszeitlichen Jäger. Sicher nahm die Bedeutung der Jagd von diesem Zeitpunkt an ab, und eine auf Ackerbau und Viehzucht basierende Kultur breitete sich von ihrem Ursprung im Mittleren Osten nach Europa und der übrigen Welt aus.

Nach Cole (11) gibt es im Irak Hinweise auf eine sehr primitive Art von landwirtschaftlicher Siedlung mit domestizierten Schafen, die aus der Zeit um 8900 v. Chr. datiert, etwa 600 Jahre bevor in Europa die Eiszeit zu Ende ging. Es scheint sicher, daß Schafe und Ziegen zu den ersten domestizierten Tieren gehörten, vielleicht ist nur der Hund als Haustier älter. Rinder und Schweine wurden erst später gehalten, und Esel und Onager kamen noch später. Das Pferd kam zuletzt; etwa um 3000 v. Chr. scheint es den Onager als Zugtier ersetzt zu haben. Der Onager ist kein sehr gefügiges Tier, und heute existiert er nur noch in Freiheit oder in zoologischen Gärten.

Pferde und Esel dagegen gibt es fast nur noch als Haustiere, und ihre Geschichte besteht von nun an hauptsächlich aus der Aufteilung der Spezies in verschiedenen Rassen, die der Mensch gezüchtet hat, damit sie seinen verschiedenartigen Ansprüchen bezüglich Arbeit und Freizeit genügen.

Paläolithische Höhlenzeichnung eines Wildpferdes aus der Dordogne (Frankreich). Zu dieser Zeit, gegen Ende der Eiszeit, war das Wildpferd in Westeuropa weit verbreitet und wurde seines Fleisches wegen mit Vorliebe gejagt. Es handelt sich vermutlich um einen Vorfahren des *Equus przewalskii.*

DIE VORFAHREN

Der früheste Vorfahr des Pferdes hatte wenig Ähnlichkeit mit dem modernen Pferd. Als seine fossilen Knochen 1839 zum ersten Mal aus den Tonschichten in der Nähe Londons ausgegraben wurden, hielt man sie für die eines kaninchen- oder dachsähnlichen Tieres und nannte es deshalb *Hyracotherium*. Erst nach vielen Jahren wurde *Hyracotherium* als Ahnherr der Familie der Equiden erkannt.

In seiner Biographie von T. H. Huxley berichtet Mitchell (41), daß der berühmte Wissenschaftler 1870 in einer Rede vor der Geological Society of London von einer Reihe von Fossilien sprach, anhand derer sich die Abstimmung des Pferdes bis zu einem ponygroßen dreizehigen Wesen des Miozän, dem sog. *Anchitherium*, zurückverfolgen lasse. Es müsse, so sagte er, noch ältere Fossilien geben, die das Bindeglied zum allgemeinen Säugetier mit fünf Zehen darstellten. Sechs Jahre später ging Huxley nach Amerika, wo er allem Anschein nach in New York eine ähnliche Vorlesung zu halten gedachte. Zuvor jedoch ergriff er die Gelegenheit, die umfassende Sammlung in Amerika gefundener Fossilien aus dem Tertiär im Yale-Museum zu besichtigen. Was er dort sah, brachte ihn dazu, seine These einen Schritt weiter auszubauen. Er sagte:

Die europäische Stammesgeschichte hört im Miozän auf; im amerikanischen Tertiär dagegen setzen sich die Urformen von *Equus* bis zum Eozän fort ... die wichtigste Entdeckung von allen ist der *Orohippus*, das älteste bis jetzt bekannte Glied in der Entwicklung. Er besaß vier vollständige Zehen an den Vorderbeinen, drei an den Hinterbeinen, ein gut entwickeltes Wadenbein und kurzkronige Mahlzähne einfacher Art.

Wie bei seiner Londoner Vorlesung sagte er voraus, daß Vertreter noch älterer Arten gefunden würden, und tatsächlich wurde ein solcher Vertreter entdeckt, bevor seine Vorlesung noch in Druck gegangen war, so daß er in einer Fußnote Einzelheiten eines kleinen Geschöpfes angeben konnte, das den Namen *Eohippus* erhielt, weil man es in frühen Eozän-Schichten gefunden hatte. Später erkannte man, daß es derselben Art angehörte wie das *Hyracotherium.*

Der *Eohippus* taucht ganz plötzlich im Eozän mit bereits klar ausgeprägten Eigenschaften des unpaarzehigen Huftieres auf. Einen offensichtlichen Vorfahren gibt es in fossiler Form nicht, aber mit einiger Sicherheit entwickelte sich die Art aus einer recht unspezialisierten Gruppe von fünfzehigen Pflanzenfressern, die der Gattung der Condylarthra angehörten. Wahrscheinlich gehört diese Gattung auch zu den Vorfahren der pferdeähnlichen Litopterna im tertiären Südamerika, die ausstarben, als die Entstehung der mittelamerikanischen Landbrücke eine Einwanderung nördlicher Fauna ermöglichte. Damals wurden die Litopterna vom echten Pferd, dem Nachkommen des *Eohippus*, von ihrem ökologischen Platz vertrieben.

Im Eozän existierten vierzehn Familien unpaarzehiger Huftiere der gleichen Abstammung, womit diese Art die dominierende Stellung unter den Pflanzenfressern jener Epoche einnahm. Dann aber, vielleicht wegen der Konkurrenz der noch erfolgreicheren Paarhufer, verlor die Art ständig an Bedeutung, so daß uns heute nur noch die Pferde, die Tapire und die Nashörner bleiben (Abb. 1).

Bevor wir mit der Geschichte der Familie der Equidae fortfahren, müssen zwei andere Familien der Unterordnung Hippomorpha kurz erwähnt werden, die Palaeotherien, die zu einer Zeit, in der die Landbrücke zwischen Amerika und Eurasien unterbrochen war, in Europa eine blühende, aber kurzlebige Linie von pferdeähnlichen Tieren hervorbrachten, und die Brontotherien oder Titanotherien, die etwa um die gleiche Zeit in Noramerika eine sehr wenig pferdeähnliche Gruppe hervorbrachten.

Bei den Palaeotherien entwickelten sich Formen mit einer Neigung zu körperlicher Größe wie z. B. beim dreizehigen *Palaeotherium*, das so groß war wie ein Nashorn. Andere blieben zwar kleiner, wiesen aber ein paar interessante strukturelle Entwicklungen auf, die ihrer Zeit weit voraus gewesen zu sein scheinen. *Plagiolophus* z. B. war schon Millionen von Jahren vor dem Pferd darauf spezialisiert, in

Ebenen zu leben und zu grasen. Vielleicht war diese zu frühe Spezialisierung aber auch der Grund dafür, warum die Palaeotherien im frühen Oligozän ausstarben.

Auch die Titanotherien hatten einen Zug zum Gigantismus. So erreicht das riesige, doppeltgehörte *Brontotherium* eine Größe bis zu 2,40 m. Im Gegensatz zu den Palaeotherien waren sie jedoch eigenartig wenig entwicklungsfähig. Sie hatten noch genausoviele Zehen wie der *Eohippus* und ein ähnliches Gebiß, das ihre Nahrung auf sehr weiche Vegetation beschränkte. Romer (49) hält das wenig leistungsfähige Gebiß für einen Faktor ihres frühen Aussterbens. Bei ihrer Körpergröße brauchten sie enorme Mengen Futter, und schon kleine Schwankungen im Futterangebot bedrohten ihre Existenzgrundlage.

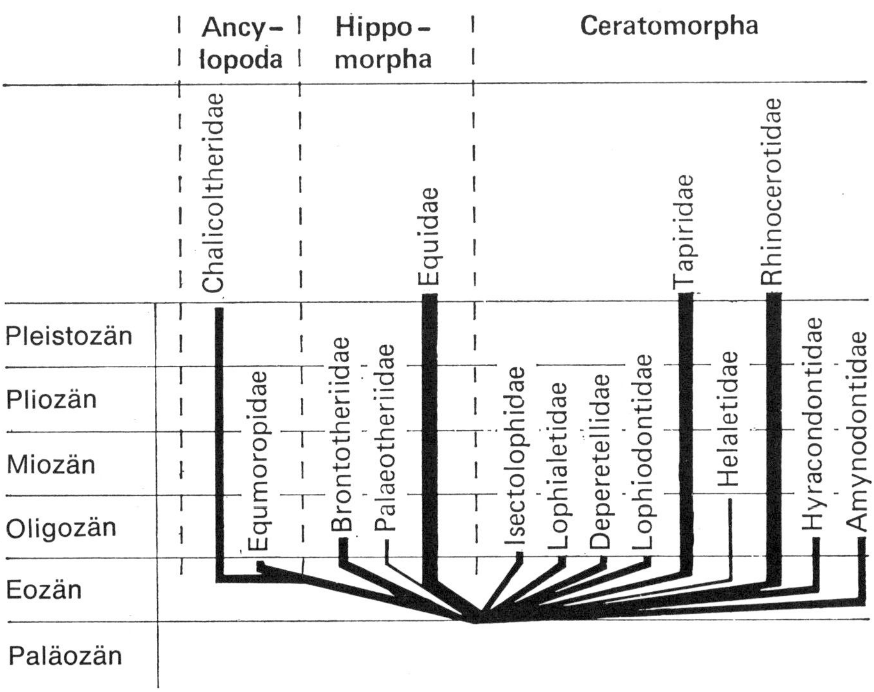

Abb. 1 Stammesgeschichte der unpaarzehigen Huftiere (nach Romer).

Vom Eozän bis zum Pleistozän war Nordamerika das wichtigste Evolutionszentrum der Equiden. Von dort wanderten einige Arten von Zeit zu Zeit nach Eurasien, Afrika und Südamerika aus.

In genauem Gegensatz zu den Palaeotherien und Titanotherien entwickelten sich die Equiden auf eine beständige und konservative Art fort. *Orohippus* und *Epihippus*, die direkten Abkommen des *Eohippus*, hatten noch die gleiche Hufstruktur wie ihr Vorfahr — vier Zehen vorn und drei hinten — und ein sehr ähnliches, niedrigkroniges Gebiß, das weiche Pflanzennahrung zermalmen konnte. Merkliche anatomische Veränderungen traten erst im späten Eozän auf, und zwar in der Entwicklung des zentralen Nervensystems. Die primitive Gehirnstruktur des *Eohippus* begann sich in Richtung auf die eines intelligenten Säugetieres zu entwickeln.

In die Oligozän-Epoche fällt das Auftreten der größeren dreizehigen Equiden, des *Mesohippus* und des *Miohippus*. Simpson (53) hält es für möglich, daß der Verlust einer Zehe eine mechanisch widerstandsfähigere Konstruktion des Fußes ergab, die nötig war, um das größere Körpergewicht dieser Tiere zu tragen. Die drei Zehen wiesen noch Ballen auf, das Gewicht war aber schon hauptsächlich auf den mittleren Zeh verlagert. Auch die Zähne veränderten sich deutlich: die Prämolaren entwickelten sich immer mehr zu Mahlzähnen. Trotz aller Strukturveränderungen blieben *Mesohippus* und *Miohippus* jedoch Geschöpfe des Waldes und der Sumpfgebiete, die sich von Blättern und weichen Pflanzen ernährten.

Im Miozän spalteten sie sich in Gruppen auf, die sich in verschiedenen Richtungen entwickelten. Eine Gruppe dreizehiger Equiden blieb beim gewohnten Waldleben und ernährte sich weiter von Blättern und weicher Pflanzenkost, bis sie im Pliozähn ausstarb. Andere Gruppen paßten sich an das Grasen auf großen Ebenen an, überlebten das Pliozän aber ebenfalls nicht. Aus einem Seitenzweig dieser dreizehigen Grasfresser aber entstand ein einzehiger Grasfresser, der sich schließlich zur Art des *Equus* unserer Tage entwickelte.

Unter den laubfressenden Equiden des Miozän befand sich das ponygroße dreizehige *Anchitherium*, das sich nach Eurasien ausbreitete — das erste wirkliche Pferd, das seit dem Eozän wieder in diesem Teil der Welt lebte. Es kam bis nach China. Die Anchitherien gab es bis ins Pliozän. Zu ihnen gehörten auch größere, manchmal separat als *Hyohippus* klassifizierte Formen und eine riesenhafte nordamerikanische Form, der *Megahippus*. Außerdem gab es in Nordamerika im Miozän eine Reihe von winzigen laubfressenden Pferden, die sog. *Archaeohippi*.

Die Übergangsform zwischen den Laub- und den Grasfressern war der *Parahippus* des nordamerikanischen Miozän, ein sehr viel pferdeähnlicheres Geschöpf als seine Vorfahren, besonders was den Kopf und die Entwicklung der Backenzähne betraf. Nach Stirton (55) verkörpert der *Parahippus* eine der wichtigsten Stufen in der Entwicklung des Pferdes im späten Tertiär, denn bei ihm und zu seiner Zeit begann die Entwicklung der hochkronigen Zähne, die der Beanspruchung gewachsen waren, die das lebenslange Kauen harter Gräser darstellte im Gegensatz zu der weichen Pflanzenkost, die bisher zwangsläufig die Hauptnahrung der Pferde gewesen war. Auch diese Art hatte noch drei Zehen, wobei die seitlichen Zehen jedoch schon reduziert waren und vermutlich nur noch im schnellen Lauf mit dem Boden in Berührung kamen.

Die weiter entwickelten Arten des *Parahippus* unterscheiden sich kaum von der in Nordamerika im Miozän heimischen Art des *Merychippus*, der seinerseits mit all seinen Abwandlungen einschließlich des *Protohippus* allmählich hinüberführte zu den Equiden des Pliozän, dem *Pliohippus*, *Calippus*, *Hannipus*, *Hipparion* und *Neohipparion*.

Das ponygroße *Hipparion* breitete sich nach Eurasien aus, wo die Anchitherien inzwischen ausgestorben waren, und drang wahrscheinlich als erstes Pferd bis nach Afrika vor, wo sich daraus das *Stylohipparion* entwickelte, das bis ins Pleistozän vorkam.

Die anderen dreizehigen Grasfresser, das *Neohipparion*, der schlanke kleine *Nannippus* und der zwergenhafte *Callippus* blieben auf Nordamerika begrenzt. Sie starben während des Pliozän aus.

Beim *Pliohippus* setzte sich die Entwicklung zur Einzehigkeit fort. Die seitlichen Zehen veränderten sich von halbfunktionellen Gliedern zu den offensichtlich funktionslosen Griffelbeinen des modernen Pferdes. Eine Gruppe der Art *Pliohippus* wanderte nach Südamerika aus und begründete die Gruppe des gedrungenen, kurzbeinigen und einhufigen *Hippidion* und verwandter Arten, die im Pleistozän aus-

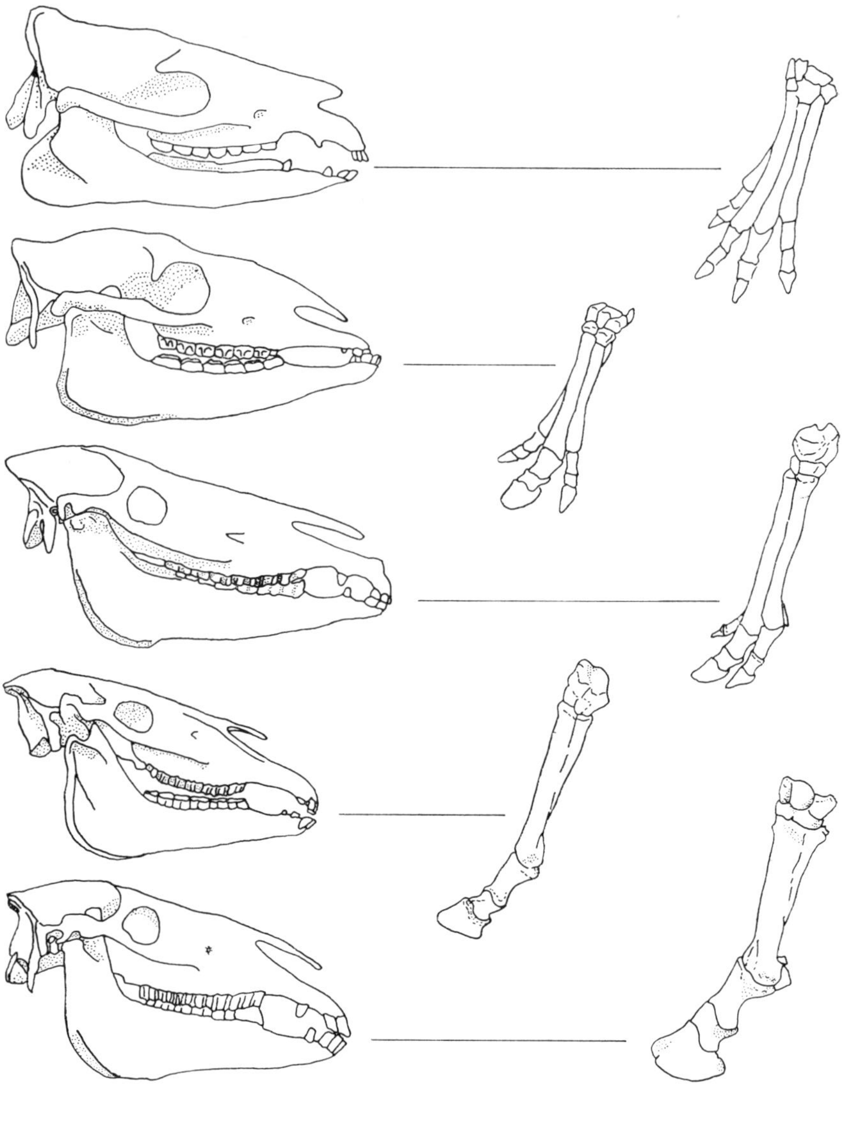

Abb. 2 Evolutionäre Entwicklungsstadien des Pferdes. Von oben nach unten: Hyracotherium, Mesohippus, Pliohippus, *Equus.* (Zeichnungen nicht im Maßstab, die Schädel sind gleich groß gezeichnet, um die relativen Proportionen zu zeigen.)

starben. Eine andere Gruppe, die Unterart *Astrohippus*, glich in der Formation der Gliesmaßen und dem Gebiß schon weitgehend dem *Equus* und verwandelte sich bis zum Ende des Pliozän in diese Gattung.

Der frühe Typ des *Equus*, die Unterart *Plesippus*, breitete sich bald auch auf andere Kontinente aus und hatte schnell Eurasien, Afrika und Südamerika erobert. Es war etwa so groß wie ein Pony und hatte zebraähnliche Zähne, vergleichbar denen von *Equus stenonis* im Europa des frühen Pleistozän, einer Spezies, die noch ausführlicher behandelt wird.

Das *Hipparion*, das im Pliozän nach Eurasien und Afrika gewandert war, gab es immer noch, als *Equus* etwa sieben Millionen Jahre später in diesen Gebieten in Erscheinung trat. Das schlanke, dreizehige *Hipparion* überlebte die neue Invasion nicht lange. Die europäische Variante starb im frühen Pleistozän aus, wenig später gefolgt von der afrikanischen Art.

Im Pleistozän verlagerte sich das Zentrum der Entwicklung des Pferdes von der Neuen in die Alte Welt. Man kann darüber streiten, ob der moderne Typ des *Equus* sich aus dem *Plesippus* von Amerika entwickelte und nach Eurasien wanderte oder umgekehrt. Auf jeden Fall verschwanden die Pferde gegen Ende der Eiszeit von den amerikanischen Ebenen, die während des ganzen Tertiär ihre Heimat gewesen waren. Für solche unerklärlichen Fälle des Aussterbens gibt es verschiedene Beispiele in der Geschichte der Equiden. Kurten (33) weist darauf hin, daß das Pferd in England in der Fauna einer der warmen Zwischeneiszeiten vor hunderttausend Jahren fehlt — eine Episode, die man nicht menschlichem Verschulden zuschreiben kann, weil es zu dieser Zeit in England keine Menschen gab.

Die folgende Tabelle gibt einen Überblick über das, was man die amerikanische Periode in der Evolution des Pferdes nennen könnte.

Die Evolution der Equiden, Eozän bis Pleistozän

Art	*Epoche*	*Vorkommen*
Vierzehige Laubfresser		
Hyracotherium (Eohippus)	Eozän	Nordamerika und Europa
Orohippus	Eozän	Nordamerika
Epihippus	Eozän	Nordamerika
Dreizehige Laubfresser		
Mesohippus	Oligozän	Nordamerika
Miohippus	Oligozän	Nordamerika
Anchitherium	Miozän	Nordamerika und Eurasien
Hyohippus	Miozän und frühes Pliozän	Nordamerika und Asien
Megahippus	Pliozän	Nordamerika
Archaeohippus	Miozän	Nordamerika
Dreizehiger Übergangstyp		
Parahippus	Miozän	Nordamerika
Dreizehiger Grasfresser		
Merychippus (Protohippus)	Miozän	Nordamerika
Hipparion	Pliozän bis zum frühen Pleistozän	Nordamerika, Eurasien und Afrika
Stylohipparion	Pliozän und Pleistozän	Afrika
Neohipparion	Pliozän	Nordamerika
Nannippus	Pliozän	Nordamerika
Calippus	Pliozän	Nordamerika
Einzehiger Grasfresser		
Pliohippus (einige Varianten besaßen schmale seitliche Zehen)	Pliozän	Nordamerika
Hippidion	Pleistozän	Südamerika
Onohippidium	Pleistozän	Südamerika
Hyperhippidium	Pleistozän	Südamerika
Equus	spätes Pliozän und Pleistozän	Nord- und Südamerika, Eurasien und Afrika

DIE ENTSTEHUNG DES EQUUS

Der *Eohippus* wies noch viele Unterschiede zum *Equus* auf. Er hatte ein anderes Gehirn, ein anderes Gebiß, andere Gliedmaßen und Füße und einen andersgeformten Körper von anderer Größe und anderem Gewicht. Es dauerte fünfzig Millionen Jahre, bis aus dem *Eohippus* ein *Equus* geworden war, ein sehr allmählicher Prozeß, um es vorsichtig auszudrücken, aber die Veränderungen traten mit unterschiedlicher Geschwindigkeit auf. Mit der schnellen Entwicklung des Gehirns im Eozän z. B. hielt die Verbesserung des Gebisses nicht Schritt. Die Entwicklung zu hochkronigen Zähnen begann erst im Miozän, verlief aber dann ebenfalls rasch. Die endgültige Veränderung vom vielzehigen Fuß zum Huf des modernen Pferdes schließlich fand erst im Pliozän statt und nur bei einer einzigen Art, dem *Pliohippus*.

Sieben Arten von Equiden führten direkt zum *Pliohippus*. Die Eozän-Arten unterscheiden sich kaum voneinander: *Eohippus*, *Orohippus* und *Epihippus* waren kleine Waldbewohner mit einer Widerristhöhe von 25 bis 50 Zentimeter. Der Rücken war rund und biegsam, die Hinterhand höher als die Vorhand, der Rücken endete in einem kräftigen Schwanz. Die Gliedmaßen waren verhältnismäßig lang und auch seitlich beweglich, weil die zwei Knochen des Vorderbeines, Elle und Speiche, ebenso wie Schien- und Wadenbein des Hinterbeines, noch getrennt waren.

Sie hatten vier Zehen am Vorder- und drei am Hinterfuß. Jede Zehe endete in einem kleinen Huf und wurde hinten von einem Fußballen ähnlich einer Hundepfote gestützt. Der Schädel war ziemlich kurz, die Augenhöhlen lagen etwa in der Mitte und wurden noch nicht wie bei den späten Equiden nach hinten durch eine Knochenleiste geschützt. Das Gebiß bestand aus vierundvierzig Zähnen:

zwölf Schneidezähne, vier Eckzähne, sechzehn Prämolaren und zwölf Molaren. Zwischen den Prämolaren und den Schneidezähnen deutet sich ein Zwischenraum an, das Diastema bzw. die Laden des späteren Pferdes. Alle Zähne waren sehr niedrigkronig, aber die Backenzähne zeigen die Tendenz, Erhebungen oder Joche zu bilden, um die Mahlfläche zu verbessern.

Die Oligozän-Arten des *Mesohippus* und des *Miohippus* waren 40 bis 70 Zentimeter hoch und besaßen nur noch drei Zehen an den Vorderfüßen. Außer den ersten kleinen Prämolaren wiesen nun alle Mahlzähne dasselbe lophodonte Muster auf, waren aber immer noch niedrigkronig. Das Diastema war besser ausgeprägt.

Die Miozän-Arten des *Parahippus* und des *Merychippus* besaßen zwar noch drei Zehen, sahen aber sonst mit ihrer Körpergröße von etwa einem Meter modernen Ponys schon sehr ähnlich. Der Schädel wurde länger, und die Augenhöhle wurde nach hinten durch den Beginn einer Knochenleiste geschützt, die bei späteren Arten noch vollständig ausgeprägt wurde. Elle und Speiche verwuchsen ebenso miteinander wie Schien- und Wadenbein, so daß sich die Gliedmaßen nicht mehr seitwärts bewegen konnten und die Bewegung fast völlig auf ein Vor- und Zurückpendeln beschränkt war. Die bedeutendste Veränderung aber bestand darin, daß die Zähne endgültig hochkronig geworden waren und die Form angenommen hatten, die dem Pferd auch heute noch eigen ist. Sie waren endlich zu dem widerstandsfähigen Kauapparat geworden, der mit der alten Abhängigkeit von weichen Blättern brach und es den Equiden erlaubte, sich von den harten, zähen Gräsern der Prärien und Steppen zu ernähren, die im Miozän in Amerika und Eurasien das Bild der Landschaft bestimmten.

Der *Pliohippus* war noch pferdeähnlicher als seine Vorfahren, und mit ihrem einen Huf war diese fortgeschrittene Art beinahe mit den frühen Formen des *Equus* identisch. *Equus* war jedoch im allgemeinen größer und besaß längere, größere und kompliziertere Zähne. Die Zunahme an Größe und Gewicht bei den in der Entwicklung vom *Pliohippus* zum *Equus* folgenden Arten können sehr wohl auch eine Veränderung des Bewegungsapparates erforderlich gemacht haben. Simpson weist darauf hin, daß ein Tier, das man viermal so hoch

Abb. 3 Das Pferd in der Bewegung: der gesamte Bewegungsablauf im Galopp.

macht, ohne die Proportionen zu verändern, vierundsechzig mal schwerer werden würde, während die absolute Stärke von Knochen und Muskeln nur um das Sechzehnfache zunehmen würde. Solch ein Tier wäre mechanisch gesehen eine solche Fehlkonstruktion, daß es sich kaum bewegen könnte, ohne Knochenbrüche oder Muskelzerrungen zu riskieren. Tatsächlich veränderten sich die Körperproportionen und Gliedmaßen der Equiden viel grundlegender, als man es sich im allgemeinen vorstellt. Es handelt sich nicht nur um die Reduzierung der Zehenzahl.

Eohippus ging auf Fußballen wie ein Hund und benutzte seine Hufe, die nicht viel mehr als stumpfe Klauen waren, nur beim Davonstürmen im schnellen Lauf. Sein biegsames Rückgrat ermöglichte ihm besonders lange Galoppsprünge.

Equus dagegen hat ein ziemlich starres Rückgrat, die Knochen im Oberteil der Gliedmaßen sind kurz, kräftig und gut bemuskelt, der untere Teil ist verhältnismäßig lang und unbemuskelt. Das Tier steht ausbalanciert auf seinen Hufen, die alten Fußballen sind noch im Strahl zu erkennen. Im Galopp stößt sich das Pferd mit der Hinterhand vom Boden ab und schwingt seinen Körper vorwärts, wobei die Vorhand als Drehpunkt dient. Der Aufpralleffekt, dem die Glieder eines vergleichsweise so schweren Tieres bei jedem Sprung in hoher Geschwindigkeit ausgesetzt sind, wird von einem wunderbar koordinierten Stoßdämpfungsapparat aus flexiblen Gelenken, Bändern und Sehnen gemildert. Und einige dieser Strukturen, besonders das Unterstützungsband und die Gleichbeinbänder, besitzen einen elastischen Rückstoß, der den Huf gleich nach dem Aufsetzen wieder abstößt, wodurch eine automatische Federwirkung entsteht, die unterstützt von der etwas langsameren Reaktion der Beugemuskeln und -sehnen das Tier geradezu vorwärtskatapultiert. Zu diesem Federmechanismus kommt noch ein genialer »Stützapparat«, der den Kör-

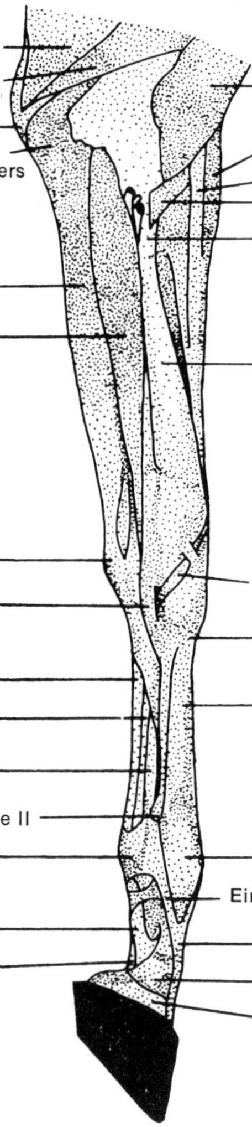

Abb. 4 Sehnen und Bänder am Vorderbein des Pferdes (nach Sisson und Grossman).

per in Ruhe automatisch aufrecht erhält und es dem Pferd erlaubt, sich im Stehen auszuruhen und zu schlafen, ohne daß seine Muskeln ermüden oder es Gefahr läuft, daß seine Beine wegknicken könnten.

Der Feder-Stütz-Mechanismus wurde im Verlauf der Evolution der Equiden ausgearbeitet, offensichtlich als Kompensation für den Verlust des federnden und stützenden vielzehigen Fußes und seiner Polster und zur Aufnahme des wachsenden Körpergewichts. *Mesohippus* z. B. ist die erste Art, die Zeichen der Verstärkung und Vervielfältigung der unteren Gleichbeinbänder aufweist, und das Unterstützungsband, das heutzutage fast überhaupt kein Muskelgewebe mehr aufweist, entwickelte sich im Miozän aus dem zwischen den Knochen befindlichen Muskel, der bei den frühen Pferden das Beugen der Gliedmaßen besorgte.

Zur Geschichte dieses Mechanismus scheint auch zu gehören, daß diejenigen Punkte verstärkt wurden, die der größten Belastung ausgesetzt waren, und zwar besonders an den Vorderbeinen, die mehr als die Hälfte des Körpergewichtes zu tragen haben. In ihrer detaillierten Darlegung der Evolution der digitalen Bänder des Pferdes bemerken Camp und Smith (10), daß die Entwicklung eines derartig komplexen Bändersystems offensichtlich auch seinen Preis gefordert habe. Schon bei den fossilen Pferden war wie bei unseren Hauspferden kein Körperteil so anfällig für Verletzungen, so in Gefahr, dauernd unbrauchbar zu werden oder periostale Exostosen zu entwickeln. Dazu muß gesagt werden, daß das englische Vollblut in den letzten zweihundert Jahren durchschnittlich fünfzehn Zentimeter größer geworden ist und ein beträchtlicher Teil der Lahmheiten und Beinschäden vermutlich darauf zurückzuführen ist, daß einige Hauspferderassen im Bemühen um immer größere und schnellere Tiere an die Grenzen ihrer mechanischen Leistungsfähigkeit getrieben worden sind.

Zur Erzielung größerer Geschwindigkeit wurden die Glieder länger und veränderten sich auch noch auf andere Art, dies hatte aber außer den bereits genannten noch eine Reihe von Schwächen zur Folge. Die großen Beugesehnen, die von oberhalb des Vorderfußwurzelgelenkes bzw. Sprunggelenkes bis zu den Zehengliedern reichen, sind sehr anfällig für Zerrungen und andere Verletzungen; die rudimentären dritten und vierten Mittelhandknochen, die Griffelbeine, machen oft Kummer, und ein Großteil der akuten und chronischen Lahmheiten, unter denen das Hauspferd zu leiden hat, ist auf die zahlreichen Krankheiten zurückzuführen, von denen die Knochen und andere Strukturen des Fußes befallen werden können.

Andererseits entwickelten die Equiden ein Gebiß, das im Vergleich zu dem des Menschen bemerkenswert beschwerdefrei ist, vielleicht aufgrund der Tatsache, daß die Entwicklung von vornherein auf ein besonders widerstandsfähiges Mahlgebiß abzielte. Von den vierundvierzig Zähnen des *Eohippus* wurden nur vier, die ersten Prämolaren, im Verlauf der Evolution zum *Equus* abgelegt, und selbst diese sind als Überreste im Oberkiefer des modernen Pferdes noch zu finden: in Form der sog. Wolfs- oder Augenzähne, die zwischen dem fünften und dem sechsten Lebensmonat herauskommen und oft von selbst ausfallen, wenn die eigentlichen Prämolaren erscheinen. Früher glaubte man, sie könnten dazu führen, daß das Pferd schlecht sieht, und zog sie deshalb aus. Möglicherweise sind auch im Unterkiefer Spuren der ersten Prämolaren erhalten, aber sie brechen fast nie durch. Die übrigen Prämolaren nahmen im Eozän eine molarenähnliche Form an, so daß das Pferd mit den echten Backenzähnen über vierundzwanzig niedrigkronige oder brachydonte Mahlzähne verfügt, die aus zwei harten Substanzen, dem Zahnbein und dem Schmelz, bestehen.

Während des Miozän begann sich die *Parahippus*-Linie in Richtung auf hochkronige oder hypsodonte Zähne zu entwickeln. Große, prismenförmige Zähne waren tief im Kiefernknochen verankert und wuchsen in dem Maße nach, in dem die Kaufläche sich abnutzte, so daß ständig eine funktionsfähige Krone von etwa zwei Zentimetern Länge zur Verfügung stand. Wesentlich bei dieser Entwicklung war, daß der harte Zahnzement, der bei den frühen Equiden auf die Zahnwurzeln begrenzt war, nun auch die Backenzähne bedeckt und die Zwischenräume zwischen Zahnbein und Schmelz auf den Kronen ausfüllt. Die drei Substanzen nutzen sich unterschiedlich schnell ab, wodurch eine besonders rauhe Mahlfläche entsteht. Ein Nachteil des Systems besteht darin, daß die Kauflächen der oberen und der unteren Backenzähne schräg gegeneinander arbeiten, so daß mit der Zeit oft scharfe Ecken oder Haken entstehen, die sich in die Innenfläche der Wangen bohren, so daß die Nahrung nur noch langsam und unter Schmerzen aufgenommen werden kann.

Tabelle über das Zahnalter der Pferde (nach Sisson [54])

Durchschnittliche Zeit des Zahndurchbruchs beim Pferd

Milchzähne	
Milchzangenzähne	Geburt oder 1. Woche
Milchmittelzähne	4—6 Wochen
Milcheckzähne	6—9 Monate
erste Prämolaren	Geburt oder erste 3 Wochen
zweite Prämolaren	Geburt oder erste 3 Wochen
dritte Prämolaren	Geburt oder erste 3 Wochen
Bleibende Zähne	
Zangen	$2^1/_2$ Jahre
Mittelzähne	$3^1/_2$ Jahre
Eckzähne	$4^1/_2$ Jahre
erste Prämolaren	5—6 Monate
zweite Prämolaren	$2^1/_2$ Jahre
dritte Prämolaren	3 Jahre
vierte Prämolaren	4 Jahre
erste Molaren	9—12 Monate
zweite Molaren	2 Jahre
dritte Molaren	$3^1/_2$—4 Jahre

Größe und Form der Zähne und die Zahnmuster der verschiedenen Equiden-Arten sind sehr charakteristisch. Ein einziger Zahn genügt, um eine fossile Art zu identifizieren, auch wenn keine weiteren Skeletteile gefunden wurden — und zum Glück gehören Zähne zu den zahlreichsten und am besten erhaltenen fossilen Fundstücken überhaupt. Das Alter eines Pferdes läßt sich recht genau schätzen, wenn man den Grad der Abnutzung der Schneidezähne und ihren

Winkel zum Kiefer betrachtet. Bei jungen Tieren stehen sie ziemlich senkrecht, bei älteren wird der Winkel, in dem obere und untere Schneidezähne zusammenstoßen, immer spitzer. Eine Hilfe ist auch das Wissen um das Alter, in dem die verschiedenen Zähne durchbrechen und wann die Milchzähne durch das bleibende Gebiß ersetzt werden.

Mit der Entwicklung der großen, hypsodonten, stark zementierten Zähne der Equiden des Miozän lief gleichzeitig die Entwicklung des typischen langnasigen Pferdeschädels mit den starken Halsmuskeln. Edinger (17) fand heraus, daß der Verlängerung des Gesichtsschädels und der Vergrößerung der Zähne interessanterweise eine beträchtliche Vergrößerung des Hypophysenvorderlappens entsprach. Tatsächlich vervier- oder verfünffachte sich das Volumen der gesamten Hypophyse während der Zeit des Übergangs vom *Mesohippus* zum *Equus*. Die aktivste Phase in der Evolution des Gehirns lag jedoch noch weiter zurück im Eozän, bevor Knochen, Zähne oder Körpergröße noch irgendeine Veränderung erfahren hatten.

Eohippus besaß ein sehr primitives und unspezialisiertes Gehirn, das in auffallendem Gegensatz stand zur recht fortgeschrittenen Struktur des übrigen Körpers. Erst mit dem *Orohippus* brachten es die Equiden zu einem Gehirn, das definitiv das eines höheren Säugetieres war: mit einem deutlich erweiterten Großhirn, das bei *Mesohippus* und späteren Arten noch auffallender wurde. Edinger (11) untersuchte sorgfältig die Abgüsse von Schädelinnenflächen fossiler Equiden und kam zu dem Schluß, daß die verschiedenen Gehirnpartien zwar alle während der ganzen Evolution des Gehirns an absoluter Größe zunahmen, die Wachstumsrate jedoch verschieden war. Das für Huftiere heute charakteristische Gehirn entwickelte sich erst im späten Miozän, und die einzelnen Entwicklungsphasen waren nicht immer mit einer Zunahme der Körpergröße oder speziellen Skelettveränderungen verbunden. Bis zum Pliozän besaßen die Equiden ein modernes, wenn auch kleines Pferdehirn, und das Gehirn von *Equus* im Pleistozän war fast identisch mit dem eines heutigen Pferdes derselben Größe.

DIE PFERDE DER EISZEIT

Zu Beginn des Pleistozän, als die Temperaturen auf der ganzen Welt kühler wurden, aber noch lange vor den Eiszeiten, kam es zu zwei größeren Wanderungen von *Equus* von Nordamerika aus, eine nach Süden und eine nach Osten.

Die südliche Wanderung über den Isthmus von Panama nach Südamerika scheint die früheren equiden Einwanderer, die Nachkommen von *Pliohippus*, verdrängt zu haben, die bisher in der neuen Heimat gediehen waren, sich zu kurzbeinigen Tieren mit schweren Köpfen entwickelt hatten und den Arten *Hippidion*, *Onohippidium* und *Parahippidium* angehörten. Eine Eigentümlichkeit dieser Arten waren besonders lange und schlanke Nasenbeine, so daß vielfach sogar angenommen wird, sie seien mit kurzen Rüsseln ausgestattet gewesen.

Die östliche Wanderung über die Landbrücke der Beringstraße nach Eurasien verdrängte gleichermaßen das *Hipparion* von seinem ökologischen Platz in der Alten Welt, wo es sieben Millionen Jahre lang das dominierende Element der Tierwelt und der einzige Vertreter der Equiden gewesen war: die eurasische Spezies starb fast unmittelbar nach Ankunft von *Equus* aus, ein Schicksal, das die afrikanische Spezies einige Zeit später, im mittleren Pleistozän, teilte.

Das *Hipparion* war in seiner Epoche eine sehr erfolgreiche Gruppe, die im frühen Pliozän von Nordamerika aus nach Asien, Europa und Nordafrika gewandert war und dort heimisch wurde. Meist befanden sie sich in Gesellschaft von Tieren der Ebenen wie den Antilopen, es gab aber auch Arten, die sich an das Leben im Wald anpaßten. Im allgemeinen handelte es sich um kleine Pferdchen von leichtem Körperbau. In Spanien gab es eine besonders anmutige, gazellenähnliche Art. Eine andere kleine Spezies, die man in Griechenland gefunden hat, wurde eine Zeitlang für den Vorfahren des *Equus* der Alten Welt gehalten, eine Theorie, die sich weder durch die Folge der fossilen Funde noch durch einen Vergleich der Skelette und Zähne erhärten läßt.

Hipparion unterscheidet sich von *Equus* durch den dreizehigen Fuß, das typische Muster des Zahnschmelzes auf der Kaufläche der Backenzähne und eine tiefe Grube (Fossa) im Schädel unterhalb der Augenhöhle. Diese Fossa, vermutlich der Sitz einer Duftdrüse ähnlich der Voraugendrüse der Hirsche, trat bei den Equiden zuerst beim *Merychippus* auf und findet sich auch bei einer Reihe seiner Nachkommen wieder. *Equus* besitzt sie nicht oder nur in sehr flacher Form; an dieser Stelle setzt bei ihm nur der *levator labii superioris proprius*, der Muskel, der die Oberlippe hochzieht, an. Trotzdem wird von Zeit zu Zeit die These aufgestellt, daß die gelegentlich beim Pferd zu findende Einbuchtung unter der Augenhöhle auf eine Verbindung zum *Hipparion* hinweist. So beschrieb z. B. Lydekker (38) in einer Studie, die er 1904 bei einem Vortrag vor der Zoological Society of London vorlas, »ein Überbleibsel der Augengrube des Hipparion« im Schädel eines Indianerpferdes aus der Sammlung des Britischen Museums und sprach von ähnlichen Einbuchtungen in den Schädeln einiger arabischer und englischer Vollblüter einschließlich des berühmten Rennpferdes Bend Or. In einer späteren Veröffentlichung (39) widerrief Lydekker mehr oder weniger seine Thesen, aber der Disput erregte damals erhebliches Aufsehen, und seine ursprüngliche Ansicht wird noch immer ab und zu von Araberenthusiasten zitiert, die glauben, daß der Araber anderer Abstammung ist als die übrigen Pferderassen.

Die frühen wandernden Arten von *Equus* verstreuten sich weit über die Alte Welt: *E. sivalensis* und *E. sanmeniensis*, beide recht große Vertreter ihrer Art, bewohnten im frühen Pleistozän Indien bzw. China; zu einem späteren Zeitpunkt tauchte der eher kleinere *E. stenonis* in Europa auf. Diese Tiere hatten alle ein zebraähnliches Gebiß und mögen überhaupt wie ein Zebra gestreift gewesen sein. Von *E. stenonis* stammt zumindest eine andere Zebraform ab, nämlich *E. sussenborensis*, das es in Deutschland bis zur ersten großen Eiszeit gab. Danach verschwanden die Zebras aus Eurasien und wurden eine rein afrikanische Spezies.

Die *E. stenonis*-Gruppe enthielt eine Vielfalt von Formen, und man nimmt allgemein an, daß nicht nur andere Zebraarten, sondern auch pferdeähnliche Equiden, die Vorfahren des Hauspferdes *E. caballus*, und eselähnliche Equiden von ihr abstammen. Nach Kurten (33) war der erste Vertreter der Gattung *Equus*, der in Europa auftauchte, ein riesiger pferdeähnlicher Equide, *E. bressanus*, der in diesem Fall früher auftrat als die Gruppe *E. stenonis*, seine mutmaßlichen Vorfahren. Später lebten *E. stenonis* und *E. bressanus* gemeinsam in denselben Gegenden Europas.

Hopwood (30) dagegen bezweifelt, daß die pferdeähnlichen Equiden von *E. stenonis* abstammen können, wenn die beiden Gruppen offensichtlich Zeitgenossen waren. Er nimmt statt dessen an, daß sie sich unabhängig voneinander entwickelten, möglicherweise eher in Nordamerika als in Eurasien, und zwar aus den als *Pliohippus* und *Plesippus* bezeichneten Gruppen. Er ist sicher, daß »die Gruppe der zebraartigen älter und primitiver (ist), die erste Welle einer Wanderung unbekannten Ursprungs.«

E. bressanus, auch *robustus* genannt, wird von Kurten als ein Tier von riesigen Ausmaßen, gleich denen des größten lebenden Wagenpferdes, beschrieben. Seine Nachkommen, *E. mosbachensis*, *E. germanicus* und andere, waren kleiner, aber noch immer kräftig, und es ist verständlich, daß man in ihnen früher die direkten Vorfahren unserer Kaltblutrassen gesehen hat. Im Verlauf der letzten großen Eiszeit wurden sie jedoch relativ plötzlich von der modernen Spezies *E. przewalskii* ersetzt, die ganz Eurasien in großer Zahl bevölkerte. Einige Tausend Jahre nach dem Ende der Eiszeit lernte der Mensch schließlich, dieses Tier zu zähmen und in Krieg und Frieden als Zugtier und Transportmittel zu benutzen.

Für den Menschen der Steinzeit waren die Wildpferde jedoch ebenso Beutetiere – wenn auch besonders wichtige – wie das Mammut, das Rentier und andere Bewohner der Tundren und Steppen am Rand der mit Eis bedeckten Gegenden. Im mittleren und späten Paläozoikum zog sich der Mensch, vermutlich auf der Flucht vor der beißenden Kälte, immer mehr in Höhlen zurück, und diese Behausungen enthalten oft große Mengen von Tierknochen, ein Zeichen seines Erfolgs als Jäger. Beispiele dafür finden sich besonders in

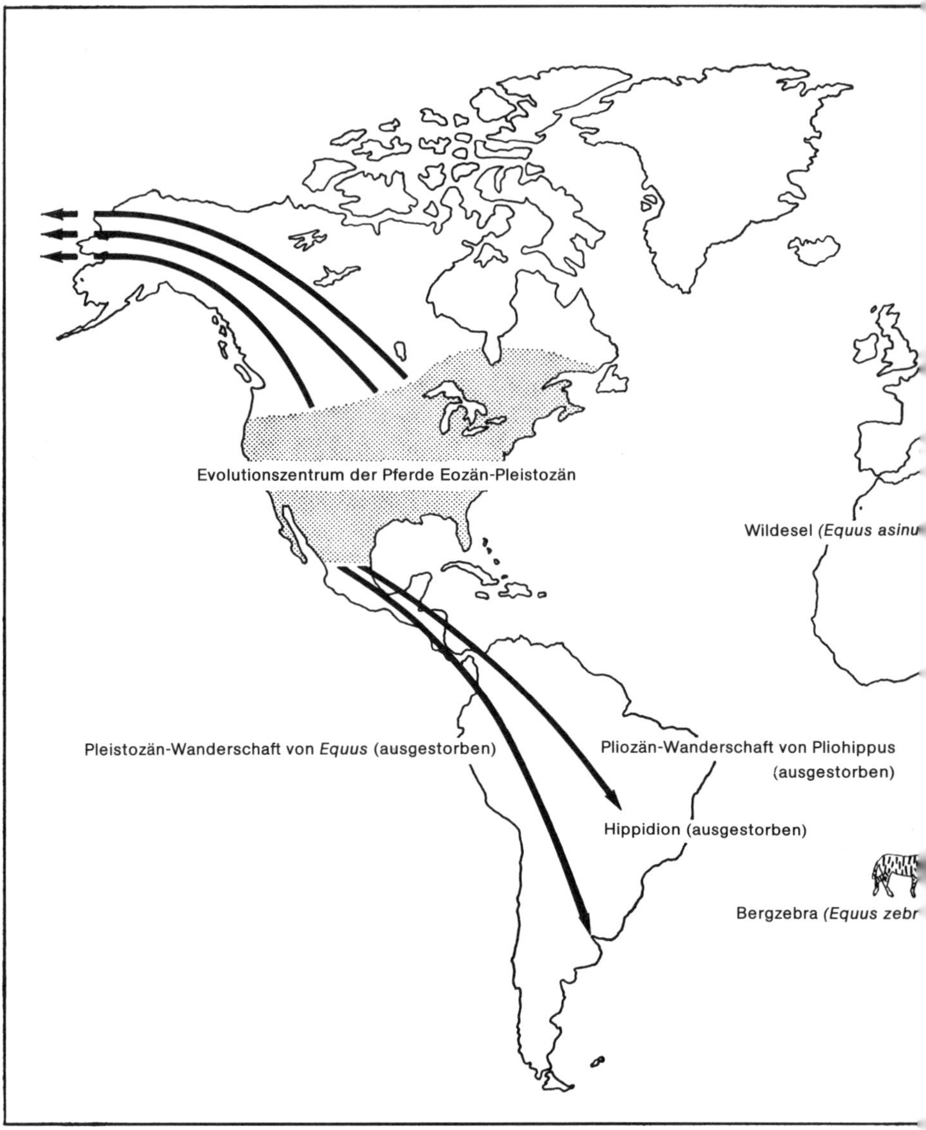

Abb. 5 Geographische Verbreitung der Equiden.

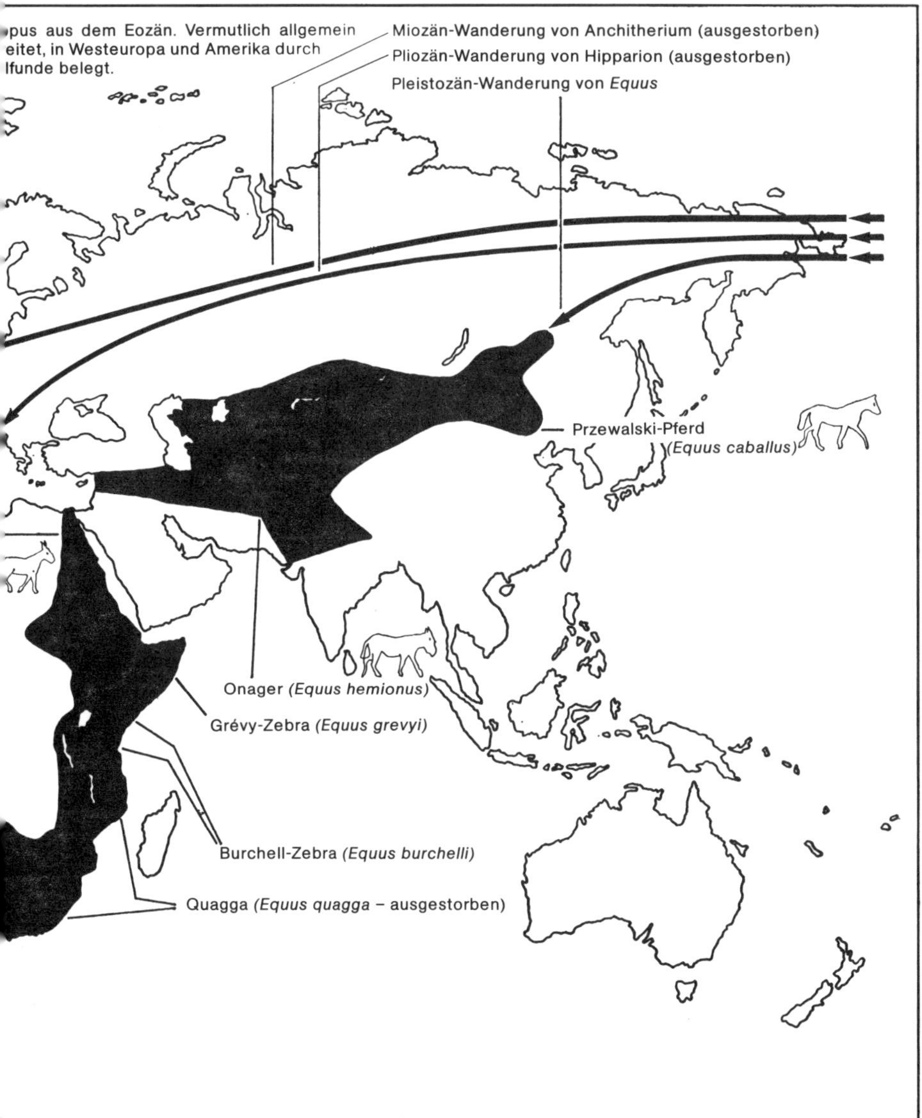
pus aus dem Eozän. Vermutlich allgemein
eitet, in Westeuropa und Amerika durch
lfunde belegt.
Miozän-Wanderung von Anchitherium (ausgestorben)
Pliozän-Wanderung von Hipparion (ausgestorben)
Pleistozän-Wanderung von Equus
Przewalski-Pferd
(Equus caballus)
Onager (Equus hemionus)
Grévy-Zebra (Equus grevyi)
Burchell-Zebra (Equus burchelli)
Quagga (Equus quagga – ausgestorben)

den Kalkregionen Westeuropas, z. B. in Solutré in der Nähe von Mâcon in Südostfrankreich, wo Pietrémont (46) eine erstaunliche Sammlung von Knochen von Tausenden von Pferden des Przewalski-Typs beschrieben hat. Er sprach von »*le magma de cheval*«.

In solchen Ansammlungen fossiler Überreste des Pferdes sind gewöhnlich kaum Wirbel oder Rippen enthalten. Sie bestehen fast ausschließlich aus den Beinknochen ausgewachsener Tiere, die aufgespalten wurden, um an das Mark heranzukommen, und aus Schädeln, die ebenfalls aufgespalten wurden, um an das Gehirn heranzukommen. Wie es scheint, wählten sich die Jäger normalerweise ausgewachsene Tiere als Beute aus und schnitten ihnen lieber dort, wo sie sie erlegt hatten, die Beine ab, als daß sie die Kadaver bis zu ihrer Wohnhöhle gezogen hätten. Manchmal fehlten die Schwänze, entweder als Jagdtrophäen, vielleicht aber auch, weil die langen Haare als Faden verwendet oder zu Schnüren zusammengedreht wurden.

Pferdefleisch war zu dieser Zeit in Europa ganz eindeutig ein wichtiger Bestandteil der menschlichen Nahrung, und es ist seltsam, daß ein Hauptnahrungsmittel des Steinzeitmenschen für viele seiner Nachkommen beinahe tabu geworden ist. Pietrémont (46) schreibt die Verbannung des Pferdefleisches vom mitteleuropäischen Speisezettel den Bemühungen der frühchristlichen Kirche zu, verschiedene heidnische Bräuche, die angeblich mit solchen Mahlzeiten gekoppelt waren, abzuschaffen. Zum Beweis seiner These zitiert er zwei päpstliche Briefe an Bonifaz, der im 8. Jahrhundert Germanien christianisierte, in denen dieser heidnische Brauch ausdrücklich verboten wurde. Auch Lommel (37) schreibt, daß Calixtus III., der erste Borgia-Papst (1455–8), Spanier von Geburt und früherer Erzbischof von Valencia, sich sehr um ein Verbot von religiösen Riten bemühte, die in einer bestimmten, mit Pferdebildern geschmückten Höhle in Spanien abgehalten wurden. Die Erwähnung von Höhlenbildern zu diesem Zeitpunkt ist interessant, weil die ersten Höhlenbilder offiziell erst 1879 in Altamira in Spanien entdeckt wurden. Man kann jedoch immer wieder feststellen, daß die Orte, an denen Höhlenzeichnungen gefunden wurden, in alten Sagen aus dieser Gegend schon viel früher mit Zauber und Tiererscheinungen in Verbindung gebracht wurden.

Es ist wahrscheinlich, daß die eiszeitlichen Bilder und Zeichnungen von Pferden und anderen Beutetieren für den Menschen des Paläolithikums tatsächlich mehr waren als reiner Schmuck. Oft sind die Tiere von Pfeilen getroffen dargestellt, und oft sind abstrakte Strichzeichen zu sehen, die möglicherweise Fallen darstellen, in denen sich Körper oder Geist des Tieres fangen sollte. Die Felszeichnungen waren mit anderen Worten eine Art geheimnisvoller Zauber, der dem Stamm Jagderfolg bringen und vielleicht auch die Geister der erlegten Tiere besänftigen sollte.

Die Höhlenkunst von Frankreich und Spanien ist etwa dreitausend Jahre alt und beginnt mit rohen Ritzzeichnungen und einfachen Umrissen von Tieren, bis sie in den kühnen naturalistischen Gemälden des Magdalénien 15 000 bis 10 000 v. Chr. ihren Höhepunkt erreicht, wovon die herrlichen Höhlenbilder von Lascaux, Font de Gaume, Altamira und anderen Orten beredtes Zeugnis ablegen.

Die abgebildeten Pferde gleichen in Gebäude und Umriß und mit ihrer aufrechtstehenen Mähne sehr dem *E. przewalskii*, was auch mit dem von Fossilien bezeugten Ablauf übereinstimmt. Allerdings gibt es in Pech-Merle ein Gemälde, das etwa 20 000 v. Chr. datiert wird und Pferde mit großen Flecken im Fell und auf dem Hintergrund zeigt. Man nimmt an, daß die Punkte nicht die natürliche Fellfarbe wiedergeben, sondern in dem Glauben angebracht wurden, sie würden die Fruchtbarkeit der Wildpferdeherden vermehren. Und vielleicht sollte man der Farbgebung der Bilder überhaupt nicht allzu viel Bedeutung beimessen, denn den damaligen Künstlern standen nur schwarzes Manganoxyd und rotes und gelbes Eisenoxyd zur Verfügung.

In Europa ging die Eiszeit zwischen 9000 und 8000 v. Chr. verhältnismäßig rasch zu Ende. Die großen Gletscher, die Skandinavien, Britannien und einen großen Teil Nordeuropas bedeckt hatten, zogen sich zurück, so daß eine neue Art von Vegetation in dem vorher unfruchtbaren Ödland heimisch wurde. Wälder ersetzten die baumlosen periglazialen Tundren. Die Rentiere und einige andere arktische Arten folgten den Gletschern nach Norden, viele Tierarten in Eurasien und Nord- und Südamerika starben einfach aus, darunter auch die nordamerikanische Art des *Equus*. Auch die Regengürtel verlagerten sich nach Norden, wodurch Teile von Nordafrika und Südwestasien zu unfruchtbaren Wüsten wurden, was wiederum die Fauna erheblich in Mitleidenschaft zog. Der Jäger Mensch hätte der Wanderung der Tiere zu den neuen Futterplätzen folgen müssen, aber es gab überhaupt weniger Tiere als früher, und diese waren weit verstreut. Die Jagd wurde in vielen Gebieten zu einer höchst unsicheren Existenzgrundlage. Dieser dramatische Umschwung in seinen Umweltbedingungen brachte den Menschen dazu, sich dem Ackerbau zuzuwenden und fleischliefernde Tiere wie Schafe, Ziegen, Rinder und Schweine zu domestizieren.

Das Pferd wurde etwa fünftausend Jahre später domestiziert, und vom Ende der Eiszeit bis etwa 3000 v. Chr. waren Pferde nur ein natürlicher Bestandteil der wilden Fauna von Europa und Asien, wobei sie hauptsächlich die weiten Steppengebiete im Herzen des eurasischen Kontinents bevölkerten. Die anderen Mitglieder der *Equus*-Art lebten in geographisch eng umgrenzten Gebieten: die Onager und Kiang hauptsächlich in den Wüsten und Gebirgsgegenden Asiens, Syriens und Arabiens, die Esel in Nord- und Nordostafrika und die Zebras in Süd- und Ostafrika.

WILDPFERDE

Es gab eine Zeit, da waren die eurasischen Steppen von zahlreichen Wildpferdeherden bevölkert, die für diese Umgebung so typisch waren wie die Zebras für die Savannen Afrikas. Um 3000 v. Chr. wurden die Steppenvölker zu Nomaden, und man kann sich unschwer vorstellen, daß sie bei ihren weiten Wanderungen mit den Herden bald entdeckten, daß Pferde ihnen lebendig zum Transport ihrer Habe nützlicher waren als tot als Fleischlieferanten. Wahrscheinlich bildeten die Pferdeherden für einige Völker die einzige Existenzgrundlage überhaupt: sie waren Beförderungsmittel und lieferten Milch, Fleisch und Häute, aus denen sich Kleidung oder Zelte herstellen ließen — Tartarenstämme haben bis in unsere Zeit so gelebt.

Die Entdeckung des Pferdes als Transportmittel machte die Nomaden beweglicher und erleichterte ihnen die Wanderung über die weiten Steppen, die sich mit wenigen natürlichen Hindernissen über Europa und Westasien erstrecken, von den Karpaten zum Pamir und darüber hinaus bis in die Mongolei und nach China. Im Norden verhinderten das Klima, im Westen die undurchdringlichen Wälder Mitteleuropas ein weiteres Vordringen, aber abgesehen davon konnte es nicht ausbleiben, daß die Nomaden — um Handel zu treiben, sich selbst niederzulassen, zum Plündern und in Form regelrechter Invasionen — von den reichen aufstrebenden Kulturen des Nahen und Mittleren Ostens und Chinas angezogen wurden, wo man den Wert des domestizierten Pferdes sofort erkannte, vor allem weil man damit in der Lage war, eine wirkungsvolle neue Kriegswaffe — den schnellen Streitwagen — zu entwickeln. Die Folge war ein unersättlicher Bedarf an Pferden zu einer Zeit, als man noch wenig davon verstand, wie man sie in großer Zahl züchten konnte.

Durch das Wegfangen der Jungtiere zur Domestizierung, die Konkurrenz der Haustiere bei den Weideflächen und Tränken und eine überstarke Bejagung als Wild wurden die Wildpferdeherden stark dezimiert und in abgelegene Gebiete abgedrängt. Schon in römischer Zeit klangen Berichte über Wildpferde in Europa etwas verdächtig, weil es sich genauso gut um Nachkommen von verwilderten Hauspferden handeln konnte, und dasselbe galt auch für ähnliche Geschichten späterer Zeiten. Bis zum 19. Jahrhundert neigten die meisten orthodoxen Naturwissenschaftler tatsächlich zu der Ansicht, daß das Wildpferd seit prähistorischen Zeiten ausgestorben war.

Man kann sich daher die Skepsis der Fachwelt vorstellen, als 1881 der russische Naturwissenschaftler I. S. Poliakoff nach eingehender Untersuchung des Schädels und des Fells eines dreijährigen Tieres, das dem Zoologischen Museum von St. Petersburg von dem Forscher Oberst N. M. Przewalski vorgelegt worden war, von einer eigenen Spezies von Wildpferden, *Equus przewalskii* Poliakoff, sprach. Przewalski hatte das Exemplar vom Magistrat von Zaisan zum Geschenk erhalten, der es wiederum von Kameljägern aus der Wüste Gobi in der westlichen Mongolei bekommen hatte. Was Flower (22) schrieb, drückte die allgemeine Stimmung vermutlich noch eher mild aus: »Solange nicht mehr Exemplare zur Verfügung stehen, ist es schwer, sich eine Meinung über die Echtheit der Spezies zu bilden bzw. dem Verdacht zu widerstehen, daß es sich nur um eine Zufallskreuzung zwischen Kiang und Pferd handelt.«

Salensky (50) vom Zoologischen Museum in St. Petersburg gelang es, an weitere Exemplare heranzukommen, und seine anatomischen Studien zeigten, daß Zähne und Skelett des Przewalski-Pferdes im allgemeinen denen des Hauspferdes glichen, jedoch einige verwirrende äußere Unterschiede aufwiesen: »Die Spezies ist von außerordentlichem Interesse, da sich bei ihr Eigenheiten des Hauspferdes (z. B. die Warzen oder »Kastanien« an allen vier Gliedmaßen) mit Eigenschaften mischen, die an den asiatischen Wildesel erinnern (z. B. die aufrechte Mähne und die Form des Schwanzes). Diese Charakteristika und besonders die Schwanzform entsprechen nicht genau denen des Esels, sondern bilden eine Art Zwischending zwischen den Charakteristika des Pferdes und denen des Esels.«

Und Ridgeway (48) stellt fest, daß Professor J. C. Ewart (18) eines der schlagendsten Gegenargumente gegen die Kreuzungstheorie mit einem praktischen Zuchtversuch lieferte, der bewies, daß die Nachkommen aus Kreuzungen zwischen Kiang und Pony ganz anders aussahen als die Przewalski-Pferde. Außerdem ist das Kreuzungsprodukt unfruchtbar, während die Przewalski-Pferde eine fruchtbare Rasse sind und sogar in Kreuzungen mit Hauspferden fruchtbare Nachkommen hervorbringen.

Heute ist das Przewalski-Pferd als einzige überlebende Wildpferderasse des Typs, von dem das Hauspferd abstammt, anerkannt und wird, wenn es auch unlogisch erscheinen mag, eine wilde Form nach der domestizierten zu benennen, als eine Unterart von *Equus caballus* bezeichnet: *Equus caballus przewalskii.*

Die Tiere sind 120 bis 140 Zentimeter groß und haben schwere Köpfe und breite Nasen. Das Fell ist meist von einem gelblichen Grau und schimmert an den Flanken und am Bauch heller. Die Schnauzen sind hell, sog. Mehlschnauzen. Manchmal läuft ein schwacher rotbrauner Strich über Schultern und Rücken, und auch die Umgebung von Vorderfußwurzelgelenk und Sprunggelenk ist manchmal gestreift. Im Winter wächst ihnen wie vielen Moor-Ponys ein langes, wolliges Winterfell samt Barthaaren. Die Schweifhaare sind zwar lang, am Ansatz steht jedoch ein Büschel kurzer, steifer Haare fächerartig ab. Im Gegensatz zum Hauspferd steht die kurze, steife Mähne aufrecht. Sie wird jedes Jahr abgeworfen, so daß gewöhnlich nicht genügend Zeit zur Entwicklung eines Stirnschopfes bleibt.

Über die Gewohnheiten des Przewalski-Pferdes in Freiheit ist wenig bekannt. Der einzige ausführliche Bericht aus erster Hand scheint der der Brüder Grum-Grjimailo zu sein, die für das Einfangen der Exemplare für das St. Petersburger Zoologische Museum verantwortlich waren. Nach Salenski (50) und anderen berichteten sie folgendes:

Das Wildpferd ist in Ebenen zu Hause; nachts sucht es seine Weideplätze und Tränken auf. Bei Tagesanbruch kehrt es in die Wüste zurück, wo es bis zum Sonnenuntergang ruht. Wenn im Frühling die Fohlen geboren werden, ruhen die Tiere immer am selben Ort. Bewiesen wurde diese Angewohnheit dadurch, daß ich einmal einen

Platz von etwa 18 Quadratmetern fand, der dick mit Fohlendung bedeckt war. Da kaum anderer Dung zu sehen war, ist anzunehmen, daß die Herden den Schlafplatz wechseln, sobald die Fohlen herangewachsen sind, während sie immer am selben Ort bleiben, solange sie klein sind. Wildpferde gehen, besonders bei Gefahr, gern hintereinander. Infolge dieser Gewohnheit, in einer Linie hintereinander zu gehen, sind in dem ganzen Bereich tief ausgetretene Trampelpfade zu finden.

Einer der sichersten Hinweise auf die Gegenwart von Wildpferden in einem Gebiet besteht in riesigen Dunghaufen entlang der Pfade. Ein Hirte schloß aus einem solchen Hinweis, daß die Pferde am Vortag auf dem Weg zur Tränke hier vorbeigekommen seien, und die Richtigkeit dieses Hinweises fanden wir unmittelbar nach unserer Ankunft in Gashun bestätigt. Bei Gefahr läuft der Hengst nur dann voran, wenn in der Herde keine Fohlen mitlaufen; aber selbst dann rennt er oft seitlich mit, und seine Bewegungen verraten außerordentliche Unruhe.

Die Mongolen haben viele vergebliche Versuche gemacht, das Wildpferd zu zähmen. Das Pferd läßt sich nicht unterwerfen, hat Angst vor dem Menschen und ist nicht dienstbar zu machen. Das Einfangen von Wildpferden, wie es die Mongolen praktizieren, ist dagegen eine sehr einfache Sache. Zu der Zeit, in der die Fohlen geboren werden, begeben sich die Kalmücken mit je zwei Pferden auf die Ebenen. Wenn sie eine Herde ausgemacht haben, folgen sie ihr solange, bis die noch schwachen Fohlen nicht mehr weiter können. Dann nehmen sie die Fohlen mit und ziehen sie zusammen mit Hauspferden auf.

Das Verhalten von in Gefangenschaft geborenen und aufgezogenen Przewalski-Pferden unterscheidet sich nicht wesentlich von dem von Vertretern der Hauspferderasse, wenn ihre natürlichen Reaktionen noch nicht durch besondere Ausbildung und Erziehung beeinträchtigt sind. Die Stimme wird ähnlich gebraucht: Wiehern und leises Bullern als Form der Begrüßung und Unterhaltung und in Erwartung von Futter oder Wasser; Quietschen als Warnung oder Drohung und als Zeichen von Zorn und Ärger. Ohren, Schweif und Kopfhaltung drücken gleichermaßen die jeweilige Stimmung aus, und Zähne und Hufe werden zum Angriff und zur Verteidigung eingesetzt. Nach Mohr (42) beträgt die Tragezeit von Przewalski-Stuten zwischen 320 und 343 Tage, was der normalen Tragezeit des Hauspferdes entspricht. Er berichtet auch, daß die meisten Fohlen in Prag im Mai geboren werden, wobei auch Ende April bzw. Juni bis Anfang Juli nicht selten vorkamen. Gewöhnlich wurden die Fohlen nachts geboren. Das normale Geburtsgewicht beträgt fünfundfünfzig bis fünfundsechzig Pfund, und am Morgen nach der Geburt sind die Fohlen bereits kräftig und aktiv.

Es ist durchaus möglich, daß es im Gebiet des Takhin Shar-nuru-Massivs, dem »Berg der Gelben Pferde«, im Südwesten der Mongolei, nahe der chinesischen Grenze, noch immer eine kleine, wildlebende Herde von Przewalski-Pferden gibt. Man weiß, daß die

Das Przewalski-Pferd. Das einzige noch lebende Wildpferd. Von ihm stammen wahrscheinlich alle modernen Pferderassen ab. Bis vor kurzem war die Art in der Mongolei und den benachbarten Gebieten noch relativ häufig vertreten.

Spezies dort Hunderte von Jahren zu Hause war, aber ursprünglich muß sie anderswo hergekommen sein: der Forschungsbericht der zentralasiatischen Expedition, die 1921—30 die Mongolei und China bereiste (3) erwähnt, daß das vollständige Fehlen von Equiden zu den auffallendsten Merkmalen der kenozänischen Fauna der Gobi gehört, wo doch die Existenz von *Hipparion* und *Equus* im nördlichen China durch Fossilfunde einwandfrei belegt ist.

Die Art steht heute auf beiden Seiten der Grenze unter striktem staatlichem Schutz, und jeder Gesetzesbrecher müßte strenger Strafen gewärtig sein, aber seit Jahren hat es keinen Hinweis mehr auf die Existenz der Tiere gegeben, und der Fortbestand der Art hängt nun fast mit Sicherheit von Zuchtgruppen in Zoos und Reservaten ab. In dieser Hinsicht ist die Herde des Prager Zoos von besonderer Bedeutung. Dort wird auch das ›Internationale Studbook für Przewalski-Pferde‹ geführt.

Das Przewalski-Pferd wird manchmal auch mongolischer Tarpan genannt, wobei Tarpan in der Umgangssprache als Synonym für Wildpferd verwendet wird. Mohr (42) berichtet, daß Przewalski selbst eines seiner Exemplare als neue Variante des Tarpan bezeichnete und sich von Poliakoff korrigieren lassen mußte, der ihn belehrte, daß es völlig verschieden von den Tarpanarten sei, die frühe Forscher wie Gmelin, der auf seinen Reisen durch Rußland von 1733 bis 1743 zahlreiche wilde Herden kleiner, mausfarbener Pferde mit kurzer, lockiger Mähne gesehen hat, in den Gebieten um das Schwarze und das Kaspische Meer gesichtet hatten.

Diese südrussischen Tarpane, kleine, kräftige Ponys, waren leicht vom Przewalski-Pferd zu unterscheiden. Selbst in ihrer Blütezeit, im siebzehnten und achtzehnten Jahrhundert, hatten sie wahrscheinlich einen guten Schuß Hauspferdeblut in den Adern, nicht zuletzt aufgrund der Neigung der Tarpanhengste, ihrem Harem zahme Stuten einzugliedern, wann immer sich Gelegenheit dazu bot. Die letzten wilden Tarpane starben um die Mitte des neunzehnten Jahrhunderts aus. Das letzte Exemplar starb 1919 in der Gefangenschaft.

Wildlebende Hauspferde werden in Teilen von Osteuropa noch immer Tarpan genannt, ebenso wie die sog. »rückgezüchteten Tarpane«, das Ergebnis von Kreuzungen zwischen Przewalski-Hengsten und polnischen Konik-Stuten. Die Nachkommen sollen alle physischen Merkmale des ausgestorbenen russischen Tarpan haben und sich nach einigen Generationen der Zuchtwahl auch typgetreu weitervererben.

Hausesel mit Fohlen.

ASIATISCHE WILDESEL

Aus der Entfernung ist der Halbesel, *Equus hemionus*, in seinen heimatlichen Wüsten oft mit dem Przewalski-Pferd verwechselt worden, mit dem er vieles gemeinsam hat. Ebenso gleicht er in mancher Hinsicht dem echten Wildesel, obwohl dieses Tier nur auf dem afrikanischen Kontinent vorkommt, während *E. hemionus* den gesamten Wüstengürtel von der Mongolei bis nach Arabien bewohnt.

Der asiatische Wildesel ist ein flinkes Tier von leichtem Körperbau und wird etwa 130 Zentimeter hoch. Unter Berücksichtigung leichter Abweichungen im Sommer- oder Winterfell kann man sagen, daß der obere Teil des Körpers sandfarben ist, während die Unterseite, die Gliedmaßen und die Nase fast weiß sind. Das Rückgrat entlang läuft ein dunkler Aalstrich. Die Mähne ist kurz und aufrecht, der Stirnschopf fehlt. Der Schweif ist kurz behaart und endet in einem dunkleren Büschel. Die Hufe sind breit und pferdeähnlich, die Ohren liegen in der Länge zwischen denen des Pferdes und des Wildesels, und wie der Wildesel und das Zebra weist auch der Halbesel nur an den Vordergliedmaßen Hornwarzen, die sog. Kastanien, auf.

Die Kastanien oder, wie sie in Amerika genannt werden, Nachtaugen, sind ovale, etwa fünf Zentimeter lange Gebilde aus einer hornartigen Substanz, die bei allen Equiden auf der Innenseite des Vorderbeins kurz über dem Vorderfußwurzelgelenk und bei den meisten, aber nicht bei allen Pferden im unteren Teil des Sprunggelenks zu finden sind. Die Hinterbeine von Halbeseln, Eseln und Zebras weisen jedenfalls nie Kastanien auf. Da sie offensichtlich funktionslos sind, hält man sie allgemein und vielleicht unlogischerweise für Überbleibsel von früher einmal funktionellen Organen, z. B. von Duftdrüsen, wie sie sich an den Gliedmaßen mancher Hirscharten finden. Noch verbreiteter ist die Theorie, wonach es sich um die Fußballen des nun verschwundenen ersten Fingergliedes der Equiden des Eozän handelt. Ein weiteres horniges Gebilde befindet sich in der Haarzotte auf der Rückseite des Fesselgelenks, vermutlich die Überreste der Fußballen der zweiten und vierten Zehen, die bis zu einem gewissen Grad noch ihre alte Funktion erfüllen mag, indem sie den hinteren Teil der Fessel schützt, wenn das Gelenk im vollen Galopp überdehnt wird und in Berührung mit dem Boden kommt.

Man unterscheidet fünf asiatische Wildeselrassen, die kleine Unterschiede in Größe und Farbe aufweisen: den mongolischen Kulan (*Equus hemionus hemionus*), den tibetischen Kiang (*Equus hemionus kiang*), den persischen Onager (*Equus hemionus onager*), den indischen Khur oder Ghorkhar (*Equus hemionus khur*) und den syrischen Wildesel (*Equus hemionus hemippus*), der fast mit Sicherheit ausgestorben ist, wenn auch immer wieder Gerüchte auftauchen, wonach es ihn in Südarabien und Oman noch geben soll. Fischer u. a.

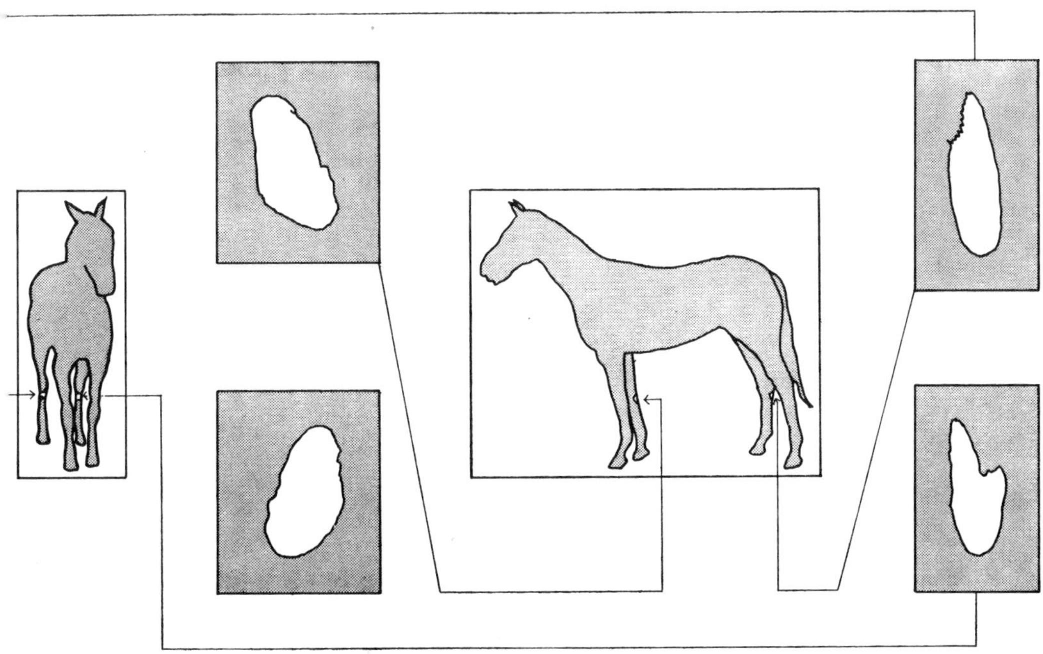

Abb. 6 Die sog. Kastanien an den Beinen des Pferdes.

(21) führen das darauf zurück, daß er mit verwilderten Hauseseln verwechselt wird.

Alle asiatischen Wildeselrassen lieben die ungehinderte Sicht und

Onager, die persische Variante des asiatischen Wildesels. Enge Artverwandte sind der tibetische Kiang, der mongolische Kulan und der pakistanische Ghor-Khur. Der syrische Wildesel, der Wildesel der Bibel, ist wahrscheinlich ausgestorben.

die weite Ausdehnung des offenen Geländes, wo ihre Wachsamkeit und Schnelligkeit ihnen größtmöglichen Schutz vor ihren Hauptfeinden, den Wölfen, bieten. Obwohl sie in ihrem Wasserbedarf typische Wüstenbewohner sind, müssen sie doch alle zwei bis drei Tage Wasser aufnehmen, und während der Trockenzeit halten sie sich meist nicht allzu weit entfernt von einer Tränke auf. Nur im Winter, wenn Schnee fällt oder sich das Wasser auf der Oberfläche sammelt, oder im Frühling, wenn es saftiges Gras in Hülle und Fülle gibt, können sie sich auch weit von ihren Wasserlöchern oder Bächen entfernen. Sie sollen sehr gut schwimmen können, und die Kiangs bewegen sich wirklich mit Genuß in den eisigen Flüssen und Seen ihrer heimatlichen Berge.

Ihre Schnelligkeit und Ausdauer sind ebenso sprichwörtlich wie ihre Neugier. Lydekker (38) beschreibt, wie kleine Grüppchen von Kiang auf den Hochebenen von Ladek und Tibet immer wieder um die berittenen Reisenden herumgaloppierten und junge Kiang vor lauter Neugier fast bis ins Camp gewandert kamen. Sie sind so schnell und so ausdauernd, daß Jäger früher immer wieder die Pferde wechseln mußten, um auch nur einen dieser Wildesel zu fangen, und aus unserer Zeit berichtet Allen (1), daß ein neben dem Auto hergaloppierender Kulan Geschwindigkeiten um sechzig Stundenkilometer erreichte. Ein Tier, das im offenen Gelände per Auto verfolgt wurde, konnte erst nach einer Jagd von fast fünfzig Kilometer eingefangen werden, wobei die halbe Strecke mit einer Durchschnittsgeschwindigkeit von fünfundvierzig Stundenkilometer zurückgelegt wurde. Er erwähnt auch die Vorliebe des Kulan dafür, in Gesellschaft von Wüstengazellen zu grasen, und erzählt von einem Hengst, der Tag und Nacht von einer bestimmten Gazelle begleitet wurde. Die Tragezeit von etwa zwölf Monaten entspricht ungefähr der der echten Wildesel und Zebras. Bald nach der Geburt stehen die Fohlen auf den Füßen, und sehr früh sind sie aktiv genug, um, wie man sagt, einem Wolf davonzulaufen und bis zu dreißig Kilometer am Tag zu wandern.

Zu Beginn der Fohlen- und Paarungszeit schließen sich die kleinen Trupps von *E. hemionus* gewöhnlich zu großen Herden zusammen. Die männlichen Tiere kämpfen pausenlos um die Vorherrschaft, und die Wunden und Narben älterer Hengste legen Zeugnis ab von der Heftigkeit dieser Kämpfe, bei denen die schwächeren aus der Herde vertrieben werden. Sie müssen in dieser Zeit als Einzelgänger leben. Die normalerweise leisen Tiere machen nun häufigen Gebrauch von ihrer Stimme, einer Mischung aus dem Wiehern des Pferdes und dem Schrei des Esels, beschrieben als eine Art Quietschen, das Herausforderung und Drohung ausdrückt.

Es scheint, als ob der Onager zumindest in Mesopotamien lange vor dem Pferd domestiziert wurde. Nach Zeuner (67) wurden sie von den alten Sumerern ähnlich wie Ochsen vor den Karren gespannt und mit einem Nasenring gelenkt, und in römischer Zeit wurden Onagerfohlen gefangen und zur Zucht von Reiteseln verwendet, die leichtfüßiger und besser waren als die üblichen Kreuzungen zwischen Pferd und Hausesel. Es gibt jedoch keinen Zweifel, daß der Onager sich weniger leicht zähmen ließ als das Pferd, das ihn als wichtigstes Zugtier der antiken Welt rasch ersetzte.

In neuerer Zeit wurde *E. hemionus* hauptsächlich wegen seines Fleisches gejagt, das sich mit dem edelsten Wildbret vergleichen läßt und dem verschiedene medizinische und aphrodisische Eigenschaften zugeschrieben werden. Trotz staatlichen Schutzes wird er noch immer gejagt, aber hauptsächlich geht seine Zahl deswegen zurück, weil immer mehr Haustiere in seine angestammten Weideplätze und an seine Wasserstellen drängen, so daß dieses Tier der Wildnis, das aufgrund seiner schlechten Erfahrungen jeder Berührung mit dem Menschen aus dem Weg zu gehen versucht, in immer abgelegenere Gegenden abgedrängt wird, wo es — zumindest vorläufig — noch in Frieden leben kann.

Nach Fischer u. a. (21) ist der tibetische Kiang heute selten, aber nicht unmittelbar vom Aussterben bedroht, sind vom Ghorkhar, der früher im trockenen Nordwesten Indiens und Westpakistans zahlreich vertreten war, nur noch wenige tausend Exemplare vorhanden, die meisten im Staate Bombay, einige wenige im westpakistanischen Sind, leben vom Onager einige siebenhundert Exemplare streng geschützt im Badkhyz-Reservat in der Sowjetunion und möglicherweise eine kleine Zahl in den Salzsteppen des Iran, während der Kulan, der früher in der Mongolei, in Sibirien, der Mandschurei, im chinesischen Turkestan und in Teilen des europäischen Rußland überaus zahlreich vertreten war, heute auf die unzugänglicheren Wüstengebiete der Mongolei beschränkt ist, wo es noch einige Tausend von seiner Art geben mag.

AFRIKANISCHE WILDESEL UND HAUSESEL

Der europäische Wildesel, *Equus hydruntinus*, gehört zu den vielen Tierarten, die den großen Wandel, der auf das Aufbrechen der großen eiszeitlichen Gletscher folgte, nicht überlebt haben. Er war von schlankem Körperbau und ähnelte in Größe und Erscheinung *Equus hemionus*, von dem er sich nur durch hauseselähnliche Zähne unterschied. Zu Beginn des Pleistozän noch selten, war *Equus hydruntinus* später weit verbreitet, und Kurten weist darauf hin, daß die Existenz dieses Wildesels in allen Teilen Europas zur damaligen Zeit zur Genüge durch die fossilführenden Schichten des späten Pleistozän bewiesen ist. Gegen Ende der Eiszeit jedoch verschwand die Art vollständig. Nichts blieb von ihr übrig, das zum Entstehen des modernen Esels, *Equus asinus*, in seiner wilden oder domestizierten Form beigetragen hätte.

Equus asinus bewohnt den afrikanischen Kontinent seit dem Pleistozän. Domestizierte Formen wurden in den Überresten neolithischer Siedlungen des Nahen Ostens gefunden, und altägyptische Kunstdarstellungen zeigen, daß der Esel in Ägypten bekannt und als Tragtier verbreitet war, lange bevor das Pferd in die Dienste des Menschen trat.

Zur Zucht des Hausesels sollen drei Wildeselrassen beigetragen haben. Eine davon, der nordafrikanische Wildesel, *Equus asinus atlanticus*, starb schon zu Zeiten der Römer aus. Die anderen beiden, der nubische und der Somali-Wildesel, sind sehr selten geworden, haben sich aber vielleicht in abgelegenen Wüstenregionen Nordostafrikas bis in die heutige Zeit retten können.

Der nubische Wildesel, *Equus asinus africanus*, ist mausfarben und hat ein helles Maul und einen hellen Bauch. Typisch ist ein schmaler schwarzer Streifen über dem Widerrist, der senkrecht auf den schmalen Aalstrich des Rückens trifft. Dieses charakteristische Schulterkreuz ist auch oft beim Hausesel zu finden, und einer schönen Legende zufolge erinnert es an den ersten Palmsonntag, als Jesus auf einem Esel in Jerusalem einritt. Die Mähne ist kurz und steht aufrecht, der Schwanz ist fast ganz mit kurzen Haaren bewachsen und endet in einer langen Quaste, die Ohren sind groß, die Hufe kleiner und ovaler in der Form als bei Pferd und hemionus. Die Tragezeit beträgt zwölf Monate. Seine stimmlichen Äußerungen sind das bekannte markerschütternde Eselsgeschrei, aber sonst unterscheiden sich die wilden und die domestizierten Rassen beträchtlich. In »The Red Book« (21) wird Sir Samuel Baker folgendermaßen zitiert: Wer Esel nur in ihrer Kulturform kennt, hat keine Ahnung von der Schönheit des wilden oder ursprünglichen Tieres. Es ist unvergleichlich lebhaft und mutig, sein Verhalten verrät Klasse, stolz hebt es die Füße, wenn es über Sand und Felsen trabt, und sein Galopp über die grenzenlose Wüste ist schnell wie der des Pferdes. Keinem Tier kann man sich schwerer nähern. Die Araber fangen zwar viele, aber immer nur Fohlen, die von schnellen Dromedaren eingeholt werden, während die Mütter entkommen.

Früher war der nubische Wildesel in den steinigen Hügeln und Wüstengebieten Nubiens und anderer Teile Nordostafrikas zu finden, aber Fisher u. a. (21) fürchten, daß es heute kaum noch oder überhaupt keine Herden echter Wildesel mehr gibt. Sie fügen allerdings hinzu, daß auf Socotra, einer Insel im Indischen Ozean, noch eine interessante Gruppe von Wildeseln im nubischen Typ zu finden ist, angeblich die Nachkommen von Tieren, die von altägyptischen Weihrauchsammlern auf die Insel gebracht wurden. Eine kleine Herde hat auch in der nördlichen Ecke des Großen Libyschen Sandsees eine sichere Zuflucht gefunden, mitten zwischen trügerischen Salzsümpfen, wohin der Mensch ihnen nur schwer und unter Gefahr für Leib und Leben folgen kann.

Dem Somali-Wildesel, *Equus asinus somalicus*, fehlt der Schulterstreifen der nubischen Variante, von der er sich außerdem durch dünne schwarze Horizontalstreifen an den Beinen unterscheidet. Im Sudan, in Äthiopien und Somalia existieren noch kleine Herden. Die Tatsache, daß es den Muslim-Bewohnern dieser Gegenden verboten ist, das Fleisch des Wildesels zu essen, bedeutet leider nur einen geringen Schutz, weil sein Fett als Heilmittel gegen Tuberkulose geschätzt ist, so daß er immer noch gern gejagt wird. Die größte Gefahr droht ihnen jedoch wie üblich von den immer größer werdenden Herden von Hausschafen, -ziegen und -rindern, die die begrenzten Weideflächen jeder Dürregebiete beherrschen und die wilden Pflanzenfresser verdrängen.

In den westlichen Ländern ist der Hausesel nicht viel mehr als ein Familienspielzeug, aber früher war es das Haustier, das von allen die schwerste Arbeit leisten mußte, am schlechtesten behandelt wurde und gerade soviel zu fressen erhielt, daß es seine Arbeit verrichten konnte, und so ist es an manchen Orten noch heute.

Der Esel wird zuweilen zwar auch als Reittier oder vor dem Pflug

Somali-Wildesel. Die afrikanischen Wildesel sind größer und dem Hausesel ähnlicher als die asiatischen. Die Streifen an den Beinen sind typisch für den Somali-Wildesel. Der nubische Wildesel und der Hausesel zeigen meist einen gut ausgeprägten Aalstrich.

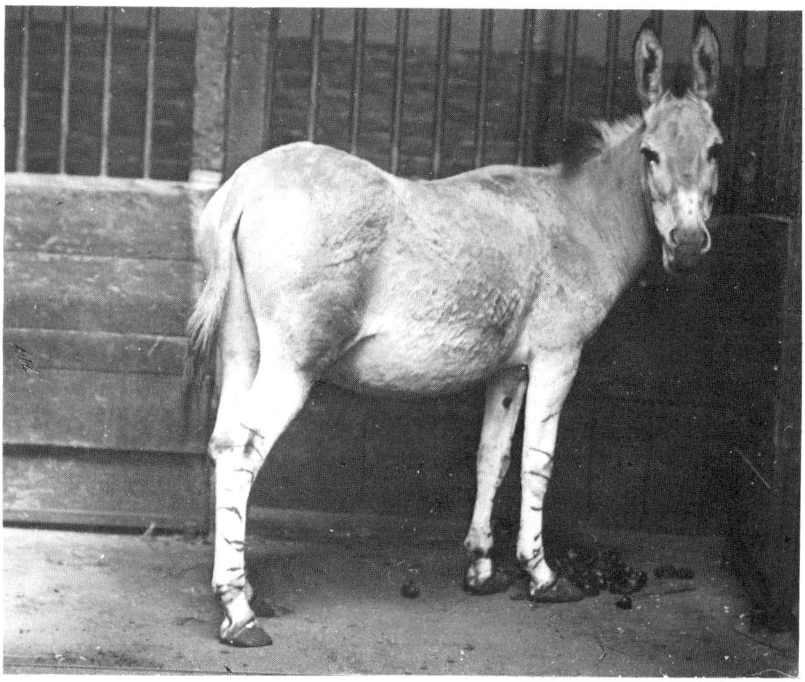

bzw. Wagen eingesetzt, seine Hauptaufgabe war jedoch immer das geduldige Tragen schwerer Lasten, und seine Anspruchslosigkeit in bezug auf Futter und Behandlung ließ ihn jahrhundertelang in vielen Teilen der Welt zum typischen Lasttier des armen Mannes werden. Er genießt sicherlich nicht das Prestige des Pferdes, ist aber trotzdem so nützlich, daß er bis in von seiner afrikanischen Heimat so weit entfernte Länder wie Südamerika und China gebracht wurde. In England schien er bis zu den Sachsen nicht sehr bekannt zu sein. Besonders im Mittelalter lieferte er auch Milch, die wegen ihres niedrigen Fett- und hohen Zuckergehaltes als hervorragende, leicht verdauliche Diät für Kranke galt. Und Flower (22) erwähnt, daß es im neunzehnten Jahrhundert in Afrika in einem Distrikt östlich des Dinka-Landes große Herden von Hauseseln gab, die von den Eingeborenen nur gemolken und nicht zur Arbeit herangezogen wurden. Hausesel sind normalerweise nur zwischen achtzig Zentimeter und einem Meter groß, es gibt aber auch größere Varianten, z. B. den eleganten weißen ägyptischen Reitesel und die besonders großen Tiere, die in den USA, in Frankreich und Spanien für die Maultierzucht gehalten werden und bis zu 1.60 Meter groß werden können. Die Fellfarbe ist auf grau, weiß oder braun beschränkt. Als Abzeichen kommen oft Schulterkreuz oder Aalstrich vor, die unregelmäßigen weißen Abzeichen, die man so oft im Gesicht und an den Beinen von Pferden findet, sind beim Esel jedoch äußerst selten.

In seinem allgemeinen Sozialverhalten unterscheidet sich der Wildesel kaum von den anderen Equiden. Erwähnenswert ist vielleicht, daß der Ruf des Eselshengstes, besonders potent zu sein, wohlverdient ist, und die alte Armee-Vorschrift, nach der in einem Lager männliche und weibliche Esel stets streng getrennt zu halten waren, sehr weise war, weil ihr hochentwickelter Sexualinstinkt sonst leicht die größten Schwierigkeiten mit sich brachte. Abgesehen von diesem verständlichen Zug ist der Hausesel jedoch ein sanftes und freundliches Geschöpf, dessen anscheinende Halsstarrigkeit weniger in Dummheit als in einer intelligenten Entschlossenheit, seinen Willen durchzusetzen, begründet ist. Reisende berichteten vom südafrikanischen Grasland (52), daß die Gegenwart von Hauseseln in einem Camp auf Zebras eine unwiderstehliche Anziehungskraft ausübe. Sie sammelten sich um die Krals der Esel und verursachten soviel Lärm und Aufregung, daß die Esel manchmal in Panik gerieten, sich losrissen und davonrannten, worauf sie von den Zebras verfolgt, geschlagen und gebissen würden.

Grévy-Zebra. Es unterscheidet sich von den anderen Zebraarten durch seine Größe, seinen langen, schmalen Schädel, die großen Ohren und die lebhaften Streifen. Es weist eine Reihe sehr primitiver anatomischer Eigenheiten auf, die denen der zebraartigen Equiden des frühen Pleistozäns, wie z. B. dem *Equus-stenonis,* ähneln.

ZEBRAS

Die lebhaften Streifen der Zebras stehen in scharfem Gegensatz zum einfarbigeren Fell von Pferden und Wildeseln, aber man sollte diesem Unterschied auch wieder keine zu große Bedeutung zumessen, denn das Streifenmuster kann selbst innerhalb einer Familie wechseln. So sind z. B. manche Zebraarten weniger gestreift als andere, und manche Pferde und Esel weisen recht ausgeprägte Streifen auf. Deshalb hielten es Darwin (15) und nach ihm noch andere Autoren für möglich, daß alle lebenden Arten von *Equus* von gestreiften Vorfahren abstammten, was zu der Annahme führen könnte, die früheren Pferde hätten ausgesehen wie heutige Zebras. Dagegen stellte Hopwood (30) wie schon vorher erwähnt die Behauptung auf, Zebras könnten keine direkten Vorfahren der Pferde gewesen sein, weil die Fossilienfunde darauf hinwiesen, daß die Zebras an der Spitze der Welle marschierten, die *Equus* in die Alte Welt brachte, und Zebras in Europa zu finden waren, bevor das Pferd auftauchte. Er schloß daraus, daß Pferd und Zebra sich wahrscheinlich schon in ihrer nordamerikanischen Heimat getrennt aus den Arten entwickelten, die unter der Gattung *Pliohippus* und *Plesippus* zusammengefaßt werden. Wahr ist, daß Pferde, Wildesel und Zebras eine sehr ähnliche Anatomie haben und es sehr schwer wäre, die einzelnen Arten nach fossilen Überresten zu unterscheiden, wenn nicht ihre Zähne kleine Besonderheiten aufwiesen.

Die europäischen Zebras starben schon während der Eiszeit aus, und jetzt ist die Art nur noch in Afrika zu finden, wo sie von drei Rassen vertreten wird: in Nordkenia und den von Gebüsch bedeckten Wüstenflächen Somalilands vom großen, eselähnlichen Grévy-Zebra, *Equus grevyi*, auf den Savannen Ostafrikas und Südafrikas vom Burchell-Zebra, *Equus burchelli*, zu dem verschiedene lokale

Varianten wie das Grant-Zebra, das Böhm-Zebra und das Chapman-Zebra gehören, die sich in Fellfarbe und Streifenmuster leicht unterscheiden, und in den Kap-Bergen und Küstengebieten Südwestafrikas von den Bergzebras, *Equus zebra zebra* und *Equus zebra hartmannae*. Bis vor hundert Jahren gab es noch eine vierte Art in Südafrika, das Quagga, *Equus quagga*.

Das Quagga, ein bis zu 1.40 Meter großes Tier von schwerem Körperbau, lebte einst in großer Zahl in der südöstlichen Ecke des Kaps. Die braunen und weißen Streifen beschränkten sich hauptsächlich auf Kopf, Hals und Vorderteil des Körpers. Es sah sehr pferdeähnlich aus und war so sanft und leicht zu zähmen, daß im London des frühen neunzehnten Jahrhunderts oft ein Paar importierter Tiere im Geschirr vor einem leichten Wagen zu sehen war. Sein Mut war so groß, daß die Burenfarmer kleine Quagga-Herden hielten, die die Haustiere vor den Überfällen wilder Hunde und Hyänen schützten. In Freiheit, auf den offenen Ebenen, auf denen es gewöhnlich in Gesellschaft mit dem Weißschwanz-Gnu und mit Straußen graste, waren die großen Quagga-Herden ein eindrucksvoller Anblick. Lydekker (49) zitiert die bildhafte Beschreibung einer typischen Szene auf dem Feld: »Am ozeangleichen Horizont zogen langsam und mit dem schrill bellendem Wiehern, das ihnen den Namen gab, lange Reihen von Quaggas vorbei, so daß der frühe Reisende ständig eine zweite Karawane auf dem Marsch vor sich zu sehen glaubte.«

Das langsame, vertrauensselige Quagga war jedoch eine leichte Beute für die Burensiedler, die sein Fleisch für ihre eingeborenen Diener brauchten, und bis zur Mitte des neunzehnten Jahrhunderts hatte man ihm mit Gewehr und Flinte südlich des Oranje-Flusses praktisch den Garaus gemacht. Weiter nördlich, im Oranje-Freistaat, lebten die Quaggas noch eine Weile in Frieden, bis ein gewinnbringender Markt um ihre Häute entstand, die zu Kornsäcken und Geschirrstücken verarbeitet wurden. Bis 1878 war die Spezies endgültig ausgerottet, obwohl es, wie Harper (26) erwähnt, schwer ist, genaue Informationen darüber zu erhalten, da das Quagga oft mit dem Burchell-Zebra verwechselt wurde. Eine Zeitlang hielt man es sogar nur für die südliche Variante des Burchell-Zebras, das wegen seiner kompletteren Streifen Bontequagga, d. h. gestreiftes oder buntes Quagga, genannt wurde.

Das typische Burchell-Zebra, *Equus burchelli burchelli*, mit seinem gestreiften Kopf, dem gestreiften Hals und Körper und den weißen, ungestreiften Beinen starb bis 1909 aus, aber die Burchell-Gruppe bevölkert noch immer zahlreich die Savannen im südlichen und öst-

Burchell-Zebras. Diese Art – auch Bonte-Quagga genannt – ist in ganz Ost- und Südostafrika überaus zahlreich vertreten. Streifenmuster und Farbe sind innerhalb der Gruppe so variabel, daß man nicht weniger als zwanzig Untergruppen unterscheidet.

lichen Afrika. Diese Tiere sind am ganzen Körper, auch an den Beinen, gestreift, obwohl es natürlich lokale Abweichungen im Muster gibt. In Nordkenia gibt es das schwarz-weiß gestreifte Grant-Zebra, *Equus burchelli granti*, in Südkenia und Tansania das Böhm-Zebra, *Equus burchelli boehmi*, mit braunen Schattenstreifen zwischen dem Schwarz und Weiß, und südlich des Sambesi das Chapman-Zebra, *Equus burchelli chapmani*, bei dem die Schattenstreifen besonders ausgeprägt sind. Diese Zebras können ziemlich laut sein, und ihr bellender Schrei »qua-ha« ist als aus der Entfernung hundeähnlich beschrieben worden. Klingel (32) hat sechs verschiedene Stimmäußerungen beschrieben: ein Kontaktruf, zwei Warnlaute, zwei Schmerzlaute und einen des Wohlbefindens.

In Teilen von Nordkenia grast das kleine Grant-Zebra mit dem großen Grévy-Zebra zusammen. Sie bilden eine freundschaftliche Gemeinschaft und zeigen keine Neigung, Gebietskämpfe auszutragen, um Stuten zu kämpfen oder sich miteinander zu kreuzen. Das Grévy-Zebra unterscheidet sich von den anderen Zebras nicht nur durch seine Größe und die schmaleren Streifen, es ist mit seinen großen Ohren überhaupt mehr ein dem Wildesel ähnlicher Wüstenbewohner, und zwar ein sehr eindrucksvoller — so sehr, daß die abessinischen Könige und Kaiser es europäischen und anderen Potentaten zum offiziellen Geschenk zu machen pflegten. Daher stammt auch sein Name: Im Jahre 1882 wurde der französische Präsident auf diese Weise geehrt. In frühchristlicher Zeit wurden diese Zebras nach Rom transportiert und im Amphitheater zu Schauzwecken ausgestellt. Man nannte sie damals *Hippotigris*, woraus die Sage entstand, sie seien eine Kreuzung zwischen Pferd und Tiger. Lydekker (40) beschreibt die Stimme als eine Art sehr heiseres Grunzen gefolgt von einem schrillen Pfeifton.

Im südlichen Bereich überschneiden sich die Territorien der Burchell- und der Bergzebras, aber auch hier kommt es nicht zu einer Vermischung der Arten. Die Bergzebras, manchmal auch echte Zebras genannt, weisen ein unverwechselbares Querstreifenmuster auf der Hinterhand auf und haben einen kleinen Hautlappen an der Kehle. Zufällig sind diese Eigenschaften sehr gut auf dem Gemälde zu sehen, das George Stubbs 1763 von einem Zebra im Besitz des dama-

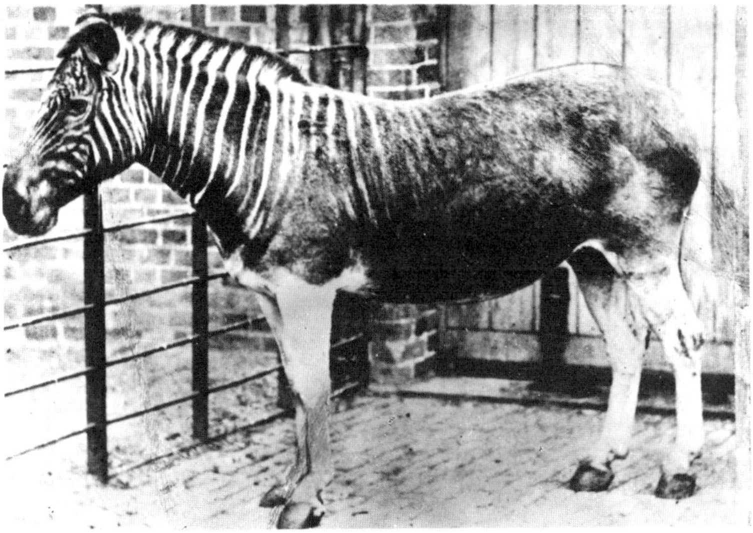

Quagga. Die früher in ganz Südafrika überaus häufig vorkommende Spezies ist seit etwa hundert Jahren ausgestorben. Das hier abgebildete Exemplar starb 1872 im Londoner Zoo.

Bergzebra. Es gibt zwei Spielarten, ein kleines, gedrungenes Tier aus dem Kap-Hochland und das größere Hartmann-Bergzebra, das an der bergigen Südwestküste Afrikas vorkommt. Typisch für beide Arten sind die gitterartigen Streifen am Rumpf und ein kleiner Hautlappen am Hals.

ligen Prince of Wales oder seiner Frau, Prinzessin Charlotte, anfertigte. Zu Beginn der Kapkolonialisierung scheint ein reger Handel mit Bergzebras mit Mauritius bestanden zu haben. Es handelte sich um als Fohlen gefangene und ans Geschirr gewöhnte Tiere, aber im allgemeinen gelten die Bergzebras als weniger leicht zu zähmen als die beiden anderen Arten. Es sind normalerweise sehr scheue und leise Tiere. Wenn sie einmal Laut geben, dann mit einem sanften Wiehern, das sich sehr von dem rauhen Schrei der anderen Zebras unterscheidet. Im Kapgebiet wurde das kleine, lebhafte *Equus zebra zebra* vor der Ausrottung durch die Gründung eines Nationalparks für Bergzebras bewahrt, aber die größere Untergattung *Equus zebra hartmannae* in Südwestafrika, von der jetzt noch größere Mengen vorhanden sind, nimmt trotz Abschußbegrenzung zahlenmäßig rapide ab. Daran sind hauptsächlich die Wildzäune schuld, die neben anderen Schutzmaßnahmen in wachsender Länge und Zahl errichtet werden, um die Weiden und Ernten gegen den Schaden, den Zebras anrichten können, zu schützen, und die die Herden manchmal von ihren Wasserstellen abschneiden. Das Zebra ist ein ziemlich großes, kräftiges Tier, und man könnte meinen, daß es nur den Löwen ernstlich zu fürchten hätte. Van Lawick-Goodall (63) und andere haben jedoch gezeigt, daß auch Wildhunde und Hyänen zu seinen Feinden gehören. Diese verfolgen sie im Rudel und zerreißen alles, was bei der Jagd zurückbleibt, sei es ein Fohlen oder ein altes oder krankes ausgewachsenes Tier. Möglicherweise bietet ihnen ihre Gewohnheit, mit Gnus, Kuhantilopen und Straußen zusammen zu weiden, die sie frühzeitig warnen, einen gewissen Schutz, ebenso wie ihre eigenen Sicherheitsmaßnahmen wie z. B. die Gewohnheit, sich nur in niedrigem Gras zur Ruhe zu legen, wo sie schwer zu überraschen sind, und immer einen Wachtposten aufzustellen, der jede verdächtige Annäherung meldet. Ihre wirkungsvollste Verteidigung besteht jedoch in einem engen Familienzusammenhalt.

Klingel (32) hat die Gewohnheiten der Burchell-Zebras lange studiert und festgestellt, daß selbst die größten Herden, die über hunderttausend Tiere umfassen können, aus kleinen, zusammenhängenden Familiengruppen von nicht mehr als sechzehn Tieren und ein paar ausschließlich aus männlichen Tieren bestehenden Gruppen gleicher Größe zusammengesetzt sind. Gelegentlich zu sehende Einzelgänger waren unweigerlich männlichen Geschlechts. Die typische Familiengruppe besteht aus einem Hengst mit vier oder fünf Stuten und ihren Fohlen. Der Hengst ist dominierend, aber eine Stute führt, wenn sich die Gruppe bewegt; der Hengst bildet die Nachhut. Bei einem Angriff schließen sich die Gruppen auf der Flucht zusammen, so daß die Verfolger eine dichtgedrängte, hinten und seitlich von äußerst aggressiven Hengsten beschützende Herde zu durchdringen haben. Die Familiengruppe ist ziemlich stabil. Die Stuten gehören ihr ganzes Leben dazu, nur ein alter oder kranker Hengst wird wahrscheinlich durch einen anderen ersetzt. Die Stutfohlen werden mit zwei Jahren geschlechtsreif und verlassen dann die Familie, um entweder eine neue Familie zu gründen oder einer bestehenden beizutreten. Etwa im gleichen Alter wandern die jungen Hengste ab und bilden Junggesellengruppen, bis sie eigene Stuten gefunden und eigene Familien gegründet haben.

Junge, paarungswillige Stuten lösen heftige Kämpfe unter den Hengsten aus, aber der Kampf – Ringkämpfe Hals an Hals, Schlagen und Beißen – ist so ritualisiert, daß es selten zu ernsthaften Verletzungen kommt. Und innerhalb der Familien scheint ein starker sozialer Zusammenhalt zu bestehen: kranke und schwache Tiere werden nicht ausgestoßen, sondern unterstützt und beschützt. Jane van Lawick-Goodall (63) beschreibt einen Fall, bei dem ein Trupp Zebras zurückkam, um eine Stute und ihr Fohlen zu retten, die von Hyänen von der Herde getrennt worden waren.

KREUZUNGEN

Es gibt viele Berichte darüber, wie Hauspferdestuten von wilden Hengsten entführt und in Wildpferdeherden eingegliedert wurden, wo sie sich dann normal fortpflanzten. Manchmal hat sich der Mensch auch bewußt des Wildpferdes zur Auffrischung seiner heimischen Zucht bedient, so wie in Afrika die Angehörigen mancher Stämme absichtlich ihre Eselstuten in der Wüste ließen, um sie von Wildeselhengsten decken zu lassen. Die Produkte solcher Kreuzungen zwischen Wild- und Hauspferd bzw. Wild- und Hausesel sind gesund und fruchtbar, eine Tatsache, die oft in Zoos unter Kontrolle nachgewiesen wurde. Zwischen verschiedenen Varianten derselben Spezies besteht keine instinktive soziale Schranke gegen solche Paarungen.

Gegen Paarungen zwischen verschiedenen Arten der Gattung *Equus* besteht dagegen in Freiheit eine natürliche Abneigung. So zeigen die drei Arten von Zebras keine Neigung sich zu vermischen, auch wenn sich ihre Territorien überschneiden. Auch Grévy-Zebra und Wildesel grasen zwar zusammen, bleiben aber bei ihrer eigenen Art, und es gibt keine nachweislich wahren Berichte darüber, daß sich Przewalski-Pferd und Halbesel (hemionus) in ihren heimischen Steppen und Wüsten je miteinander gepaart hätten.

Die Abneigung gegen eine Paarung mit einer anderen Art läßt sich durch verschiedene Methoden der Gewöhnung und des Trainings größtenteils überwinden. Ein für die Maultierzucht bestimmter Eselhengst wird z. B. gewöhnlich ausschließlich in Gesellschaft junger Pferde aufgezogen. Er wird nie mit anderen Eseln zusammengelassen und darf nie eine Eselstute decken. Dann gibt es noch die bizarren *lalandage*, die einst in der Maultierzucht um Poitou Brauch war: eine Art aufreizenden erotischen Chor, gesungen von den Gestütswärtern, die im Kreis um den widerspenstigen Eselhengst und seine Pferdebraut herumstehen. Noch widerwilliger paart sich der Pferdehengst mit der Eselstute. Die Fruchtbarkeitsquote soll niedrig sein, vielleicht weil das Pferd einen kürzeren Penis hat als der Esel. Zebrahengst und Hemionus-Hengst sollen sich recht bereitwillig mit den anderen Equiden-Arten paaren; Schwierigkeiten sind auf einzelne Tiere beschränkt. Gray (24) hat eine Übersicht über die ausführliche Literatur zu dem Thema der Kreuzungen zwischen Säugetieren verfaßt, die zeigt, daß sich die Equiden-Arten miteinander kreuzen lassen, die Nachkommen aber fast immer unfruchtbar sind.

Bei weitem die häufigsten Equidenmischlinge sind die Maultiere (Eselhengst + Stute) und die Maulesel (Hengst + Eselstute), die jahrhundertelang für den militärischen und den zivilen Gebrauch gezüchtet wurden. Die Größe hängt weitgehend von der Größe der Muttertiere ab, die Maultiere sind also meist größer als die Maulesel, aber sonst ähneln sich die beiden Kreuzungen sehr. Beide zeigen eine Mischung von Eigenschaften des Pferdes und des Esels. Im Temperament schlägt mehr der Esel mit seiner Eigenwilligkeit durch, die auf gute Behandlung positiv und auf schlechte Behandlung manchmal mit explosiver Heftigkeit reagiert. Der ökonomische Nachteil ihrer Unfruchtbarkeit wird von den Vorteilen ihrer Zähigkeit und Ausdauer sowie ihrer Widerstandsfähigkeit gegen Krankheiten, die größer ist als bei den Elterntieren, mehr als ausgeglichen.

Diese den Mischlingen innewohnende Kraft ist der Hauptgrund für die bemerkenswerte Beliebtheit des Maultieres als Arbeitstier, wie sie in der Statistik der British Army Veterinary Services aus dem Ersten Weltkrieg (8) ihren Niederschlag findet:

Es hat sich erwiesen, daß das Maultier mit für die Tierhaltung widrigen Umständen weit besser fertig wird als das Pferd, ebenso wie es sich auch aus tierärztlicher Sicht als überlegen erwies: Bei Transporten zu Wasser und zu Land war die Sterblichkeitsquote bei den Maultieren nur halb so hoch wie bei den Pferden; an Krankheiten und aus anderen Gründen starben im Feld nicht einmal halb so viele Maultiere wie Pferde; Hospitalaufenthalte aufgrund von Krankheiten (einschließlich Räude) waren bei nicht einmal halb so vielen Maultieren wie Pferden nötig; die Muttermenge, die benötigt wurde, um ein Maultier in guter Kondition zu erhalten, betrug 25 Prozent weniger als die eines Pferdes.

Kreuzungen zwischen Halbeseln und Pferden bzw. Halbeseln und Wildeseln sollen Tiere hervorbringen, die in mancher Hinsicht dem Maultier überlegen, temperamentsmäßig aber weniger für die Domestikation geeignet sind. In ihrer Natur lag immer ein Element der Wildheit, das wahrscheinlich nur durch sorgfältige und lange Zuchtwahl herauszuzüchten wäre. Es wurde bereits ein Experiment erwähnt, das die Behauptung entkräften sollte, das Przewalski-Pferd sei nur eine Zufallskreuzung zwischen einem Halbesel und einem verwilderten mongolischen Pony. Dabei wurde ein indischer Ghorkhar, *Equus hemionus khur*, mit drei Ponystuten gekreuzt, einer mongolischen Stute, einer Exmoor-Stute und einer Shetland-Welsh-Stute. Die jeweiligen Produkte waren außergewöhnlich lebhafte, kräftige Tiere, unterschieden sich jedoch sowohl im Äußeren als auch durch ihre Unfruchtbarkeit erheblich vom Przewalski-Pferd.

Derselbe Genetiker, Cossar Ewart (18), unternahm auch noch einen ähnlichen Versuch, mit dem er die Gültigkeit der alten Theorie der Telegonie oder Fernzeugung nachprüfen wollte. Danach prägt das Vatertier nicht nur seinen direkten Nachkommen, sondern auch alle weiteren Nachkommen der betreffenden Stute mit anderen Hengsten. So nahm und nimmt man manchmal noch heute an, daß eine Rassehündin, die sich einmal mit einem Bastard gepaart hat, für alle Zeiten für die Rassehundezucht verloren ist. Umgekehrt glaubte man, es sei gut, eine junge Zuchtstute das erstemal von einem besonders guten Hengst decken zu lassen, weil man hoffte, sein Einfluß würde sich auf alle späteren Fohlen positiv auswirken. Das klassische Beispiel von Telegonie, das der Royal Society von Lord Morton überliefert und zeitweilig sogar von Darwin geglaubt wurde, handelt von einer Araberstute, die von einem Quaggahengst gedeckt worden war und deren spätere Fohlen von einem Araberhengst alle noch Streifen an den Beinen aufwiesen. Die Tatsache, daß Streifen bis zu einem gewissen Grad auch beim Pferd vorkommen, wurde übersehen. Ewart versuchte, das Phänomen mit einem Burchell-Zebra anstelle des Quagga zu wiederholen, und kam nur zu dem Schluß, daß Telegonie, wenn überhaupt, anscheinend höchst selten vorkommt.

Heute ist diese Theorie natürlich als reiner Aberglaube entlarvt, aber damals zog das Aufsehen, das der Versuch erregte, die Aufmerksamkeit auf die Möglichkeiten eines Einsatzes von Zebramischlingen in den von der Tsetse-Fliege verseuchten und von der Pferdeseuche bedrohten Gebieten Afrikas, in denen Pferde es nicht lange aushielten, und auf die Möglichkeit, sich die Transporttiere für tropische Länder überhaupt aus den riesigen Zebraherden zu besorgen. Eine Zeitlang wurden Programme zur Domestikation und Kreuzung von Zebras in einigen Ländern, darunter Rußland, Frankreich und Südafrika, aktiv verfolgt, aber nur mit bedingtem Erfolg. Die Zebramischlinge aus Kreuzungen mit dem Pferd oder Wildesel wiesen alle Streifen in verschiedenem Ausmaß auf. Manche waren fleißige Arbeiter und leicht zu halten, andere waren bösartig, ängstlich und schlugen nach allem aus, was in ihre Reichweite kam. Es ist derartig selten, daß ein Maultier oder überhaupt ein Equidenmischling ein Fohlen bekommt, daß das Ereignis früher als unnatürlich und böses Vorzeichen betrachtet wurde. Bei vielen der alten Berichte über sol-

Das Kreuzungsprodukt eines Quagga-Hengstes mit einer Stute. Alle Equiden lassen sich miteinander kreuzen, die Nachkommen sind aber fast immer unfruchtbar.

che Vorfälle mag es sich, wie Tegetmeier und Sutherland (58) annehmen, entweder um Maultiere gehandelt haben, die sich verwaister Fohlen annahmen, oder um Pferde- bzw. Eselstuten, die nur ein etwas maultierhaftes Äußeres hatten. Die Möglichkeit, daß es auch fruchtbare Mischlinge gibt, ist jedoch nicht ganz von der Hand zu weisen. In seiner Übersicht über die moderne Literatur zu diesem Thema schreibt Gray (24), daß sowohl männliche als auch weibliche Maultiere und Maulesel in der Regel unfruchtbar sind, daß die Stuten aber »rossig« werden und gelegentlich ein Fohlen von einem Hengst oder Eselhengst bringen können. Von fruchtbaren Maultier- oder Mauleselhengsten dagegen ist nichts bekannt. Der Samen eines männlichen Mischlings besteht normalerweise aus einer milchigen Flüssigkeit, in der höchstens ein paar nicht bewegungsfähige Spermatozoen enthalten sind. Der Geschlechtstrieb scheint jedoch normal zu sein. Möglicherweise sind sowohl die ausgeprägte Libido als auch die fehlende Sperma-Produktion auf ein Übermaß an androgen-produzierenden Leydig-Zellen in den Hoden der Maultierhengste zurückzuführen. Im allgemeinen scheint es so zu sein, daß die Equidenmischlinge beiderlei Geschlechts zwar alle Anzeichen sexueller Aktivität aufweisen, aus Paarungen zwischen Mischlingen oder gewöhnlich auch aus Paarungen mit der Art, von der sie abstammen, jedoch keine Nachkommen hervorgehen.

Wenn man zwei Arten miteinander kreuzt, weist der Abkömmling eine ungerade Anzahl von Chromosomen auf. Wahrscheinlich ist dieses Ungleichgewicht schuld an der unvollständigen Entwicklung der Fortpflanzungsorgane und der daraus resultierenden Unfruchtbarkeit. Wenn man ein Hauspferd mit 64 Chromosomen mit einem Wildesel mit 62 Chromosomen kreuzt, entsteht ein Maultier oder Maulesel mit 63 Chromosomen. Kreuzt man es mit einem Grévy-Zebra mit 46 Chromosomen, entsteht ein Mischling mit 55 Chromosomen. Das Kreuzungsprodukt eines gewöhnlichen Zebras mit 44 Chromosomen und eines Wildesels besitzt 53 Chromosomen. Wenn man jedoch ein Przewalski-Pferd mit 66 Chromosomen mit einem Hauspferd paart, entsteht ein absolut fortpflanzungsfähiges Fohlen mit 65 Chromosomen — die ungerade Chromosomenzahl muß also nicht unbedingt Unfruchtbarkeit zur Folge haben.

DER URSPRUNG DES HAUSPFERDES

Mit dem Ende der Eiszeit wurden die periglazialen Tundren und Grasflächen Westeuropas, die einmal von Tausenden von Wildpferden bevölkert gewesen waren, durch dichte Wälder ersetzt, kein geeigneter Lebensraum für Pferde, die sich deshalb auf die pferdefreundlicheren Steppen und Ebenen Osteuropas und Asiens zurückzogen. Im nördlichen und mittleren Teil Europas hielten sich kleinere Gruppen von Wildpferden. Indien war zu dieser Zeit ohne Pferde, Britannien ebenso, und auch in der Fauna des östlichen Mittelmeerraums, des Mittleren Ostens und Afrika fehlte das Pferd.

Es gibt zwar Hinweise darauf, daß im nacheiszeitlichen Spanien und Nordwestafrika ein robustes, an das Waldleben angepaßtes Pferd überlebte, das von manchen für den Vorfahren des großen europäischen Kaltblüters gehalten wird, aber diese Hinweise bestehen hauptsächlich aus Felszeichnungen ungewissen Alters. Bessere Beweise gibt es dafür, daß diese Rasse, *Equus germanicus*, in Westeuropa während der Eiszeit ausstarb. Zeuner (67) kam nach sorgfältiger Erwägung aller Tatsachen zu dem Schluß, daß »diese Rasse mehr denn irgendwo sonst in der Vorstellung derer lebte, die nicht daran glauben konnten, daß das schwere Kaltblutpferd West- und Nordeuropas und der feingliedrige Araber vom selben Ahnherrn abstammten. Daß man andere Haustiere auf Körpergröße züchten kann, ist wohlbekannt, und es ist unklug, den Faktor Größe in die hypothetische Stammesgeschichte des Hauspferdes einzuführen.«

Die im nacheiszeitlichen Europa überlebenden Exemplare mögen aber wirklich einen schwereren Typ verkörpert haben als die Wildpferde in anderen Teilen der Welt. Das bedeutet jedoch nicht, daß sie eine andere Spezies repräsentierten. Bei so weit verbreiteten Tieren wie dem Pferd sind geographische Abweichungen der Form fast unvermeidlich. Es kann heute als ziemlich sicher gelten, daß die einzigen echten Pferde, die nach der Eiszeit noch lebten, zu der Spezies *Equus caballus przewalskii* gehörten, einer Spezies, die allgemein als Vorfahr des Tarpan und aller Hauspferderassen in ihrer ganzen Vielfalt betrachtet wird.

Nach Cole (12) war Haustierhaltung im nördlichen Irak 8900 v. Chr. bekannt, wobei Schafe als erstes domestiziert wurden. Die neue Ackerbaukultur fügte mit der Zeit Rinder, Ziegen und Schweine hinzu, und mit der Wanderung der neolithischen Völkerstämme gelangte diese Praxis auch in andere Teile der Welt. Diese Wanderung erfolgte hauptsächlich in zwei Richtungen: donauaufwärts und quer durch Mitteleuropa, so daß bis 4500 v. Chr. Germanien und die Niederlande erreicht waren, und den Küsten und Inseln des Mittelmeers entlang bis nach Spanien und an die Atlantikküste. Britannien wurde bis 3200 v. Chr. erreicht. Etwa um die gleiche Zeit entwickelte sich in China eine ähnliche, auf Ackerbau und Viehzucht basierende landwirtschaftliche Lebensweise. Es ist wahrscheinlich, daß diese primitive Form der Landwirtschaft eine wesentliche Voraussetzung für die Domestizierung des Pferdes war, einer Technik, die um 3000 v. Chr. im Gebiet von Turkestan und in den südrussischen Steppen begann und in der Bronzezeit um die Welt ging, hauptsächlich im Gefolge von Kriegen und der Völkerwanderung, zu einem gewissen Grad aber auch im Gefolge des Handels.

Um 3000 v. Chr. gab es im Mittleren Osten wenige oder gar keine Wild- oder Hauspferde, und die alten Ägypter kannten als Arbeitstiere nur Ochsen und Esel, die ihre Karren zogen und gelegentlich als Reittiere dienten. In Mesopotamien jedoch hatten die Sumerer gelernt, die Schnelligkeit des Onager für militärische Zwecke auszunützen: sie kannten zwei Arten von Streitwagen, die jeweils von vier nebeneinander gespannten Onagern gezogen wurden. Gelenkt wurden sie wie die Ochsen mit Hilfe von Nasenringen. Es gab den zweirädrigen Kundschafterwagen, wobei ein Mann ziemlich unbequem auf einer Art Sattel im Mittelpunkt des Wagens saß, und den vierrädrigen Streitwagen, auf dem neben dem mit einem Stachelstock ausgerüsteten Lenker noch ein mit Axt und Wurfspeeren bewehrter Krieger Platz hatte. Diese Karren besaßen starr an der Achse befestigte

Vollscheibenräder und müssen mit ihren ungebärdigen Zugtieren ziemlich schwierig zu lenken gewesen sein. Deshalb ist Noble (44) auch der Ansicht, diese Streitwagen müßten eine Art Fernlenkwaffe gewesen sein:

Wir können uns das so vorstellen, daß die Onager mit Front in die gewünschte Richtung aufgestellt und von Hilfspersonal so lange gehalten wurden, bis der günstigste Augenblick gekommen war, sie auf den Feind loszulassen. Axt und Speer des Kriegers können nur für die eigene Verteidigung gedacht gewesen sein, denn die vier Tiere schlugen eine zweieinhalb Meter breite Bresche in die Reihen des Feindes und trampelten jeden nieder, der ihnen in die Quere kam. Während der Annäherung an den Feind kann der Krieger höchstens Zeit gehabt haben, zwei seiner Wurfspeere zu werfen, bevor der Wagen durch die feindlichen Reihen durchgebrochen oder zum Stehen gekommen war. Die wirklichen Waffen waren die Hufe der Onager, und die Wirkung war mehr psychologisch als materiell. Trotz ihrer Schwerfälligkeit waren diese frühen Streitwagen eine wertvolle Waffe. Die späteren aus dem zweiten Jahrtausend v. Chr. erwiesen sich sogar als noch wirkungsvoller, und zwar so sehr, daß sie jahrhundertelang die Schlachtfelder beherrschten und die Geschichte zahllose Beschreibungen der Triumphe kennt, die die Streitwagen der Assyrer, Hethiter, Ägypter, Griechen, Perser und anderer erkämpften. Ihre Erfolge waren hauptsächlich auf die Kombination zweier Neuerungen zurückzuführen: das alte Vollscheibenrad wurde durch das auf der Achse rotierende Speichenrad und der nahezu unlenkbare Onager durch das umgänglichere Pferd ersetzt. In den Händen eines Fachmannes ließ sich der Pferdewagen im offenen Gelände für viele Zwecke einsetzen: zum direkten Angriff, zum Durchbruch durch feindliche Linien, zur schnellen Verfolgung fliehender Feinde und zur raschen Verteilung von Truppen vor und während der Schlacht. Ein großes, gutausgebildetes Streitwagenkontingent gehörte als wesentlicher Bestandteil zu den meisten Armeen der Bronzezeit, und gute Pferde waren gesucht und sehr geschätzt.

Die ersten Pferde, die im Mittleren Osten auftauchten, dienten allerdings einem friedlicheren und weniger spektakulären Zweck: sie zogen die kleinen Wagen der zigeunerhaften arischen Einwanderer, die gegen Ende des dritten Jahrtausends v. Chr. vom Norden des Kaspischen Meeres über die Gebirge des Kaukasus und Armeniens in den östlichen Mittelmeerraum einwanderten und sich dort fast überall niederließen. Sie brachten nicht nur die Pferde, die den Grundstock für die Pferdezucht dieses bisher pferdelosen Gebietes bildeten, sondern — erfahrene Stellmacher, die sie gewesen sein müssen — auch die Idee für die Entwicklung des neuen, mit Speichenrädern versehenen Wagens mit. Eine ähnliche arische Wanderung um 1500 v. Chr. brachte das Pferd nach Indien.

Nach Drower (16) wird das Pferd in der Literatur zum erstenmal in einem Text der dritten Dynastie von Ur, etwa um 2100 v. Chr., erwähnt. Es wird beschrieben als »der Esel der Gebirge« oder »fremde Esel der Karawanenstraße mit dem wehenden Schweif«. Merkwürdigerweise hat das Gesetz des Hamurabi, etwa dreihundert Jahre später niedergeschrieben, nichts über Pferde zu sagen, obwohl es z. B. das genaue Honorar, das an einen Tierarzt für die erfolgreiche Behandlung eines Ochsen oder Esels zu bezahlen ist, ebenso ausführlich festlegt wie die genaue Strafe, die der Tierarzt zu bezahlen hat, wenn sein Patient die Behandlung nicht überlebt. Wenn die Babylonier wirklich so wenig Ahnung vom Gebrauch des Pferdes hatten, ist leicht zu verstehen; warum eine Streitwagenmacht der Hethiter 1594 v. Chr. ihre Armee überraschen und Babylon in Schutt und Asche legen konnte.

Die anatolischen Hethiter und ihre Nachbarn, die Mitanni, waren Arier und Fachleute für Pferdezucht und den Kampf mit dem Streitwagen, vielleicht die ersten, die die neue Technik im großen Stil für militärische Zwecke verwendeten, was von den anderen Völkern in jenem Teil der Welt aus schierer Notwendigkeit schleunigst übernommen wurde. Daraus entstand ein derart großer Bedarf an Militärpferden, daß er nur noch teilweise durch den Handel innerhalb des Mittleren Ostens und Importe aus dem Kaukasus und dem Norden gedeckt werden konnte. Wo immer geeignetes Weideland für die Zuchtstuten und ihren Nachwuchs zur Verfügung stand, gewann daher die Pferdezucht Bedeutung. Viel später schreibt z. B. Herodot, daß der Satrap von Assyrien ein Gestüt mit sechzehntausend Stuten und achthundert Hengsten besaß. In Indien nahm die Entwicklung in etwa den gleichen Verlauf, nur daß man sich dort mehr als im Mittleren Osten auf regelmäßige Einfuhren großer Mengen von jungen Pferden aus Zentralasien stützte. Welchen Wert ein Wagenpferd besaß und wieviel Pflege und Aufmerksamkeit darauf verwendet wurden, läßt sich aus Abhandlungen wie der des Kikkuli von Mitanni ermessen, der im vierzehnten Jahrhundert v. Chr. gebieterische Vorschriften bezüglich des langwierigen Konditionsprogramms und gestaffelten Trainings erließ, die bei der Ausbildung von Remonten für den Militärdienst zu befolgen waren.

Das Pferd als Zugtier des Streitwagens verbreitete sich über den ganzen Mittelmeerraum einschließlich Griechenland, Italien und Kreta, und neben anderen Orten entwickelten sich die thessalischen Ebenen zu einem wichtigen Zentrum der Pferdezucht. Thessalische Pferde waren bekannt für ihre Ausdauer und ihren Mut, wie es das Beispiel der berühmten Wagenpferde des Achill und des Orest, aus thessalischem Geblüt, zeigt. Auch Bucephalus, das Streitroß Alexanders d. Gr., das ihn zu vielen Siegen trug und schließlich an dreißig in der Schlacht empfangenen Wunden starb, stammte aus Thessalien. lien.

Im Süden machten sich Ägypter und Libyer einen Namen als Züchter von Wagenpferden, und auch in der Cyrenaika wurden hervorragende Pferde gezüchtet. Von dort verbreiteten sich die Wagenpferde entlang der Küste und auch ins Landesinnere, über die Sahara bis nach Mali. Lhote (36) hat nach Auswertung vieler Felszeichnungen der Sahara die Route der Streitwagen von Tripolis durch Ghadames und das Hochland von Tassili und Hoggar nach Gao am Niger verfolgt. Die früheren Zeichnungen zeigen die üblichen zweirädrigen Wagen mit zwei Pferden, einige spätere Bilder stellen riesige, von vier Pferden gezogene Wagen dar, um 600 v. Chr. schließlich tauchen statt der Wagen Reiter auf, und zum Schluß werden die Reiter auf Kamelen statt auf Pferden dargestellt. Lhote bringt dieses Streitwagenvolk mit den alten Garamanten in Verbindung, von denen Herodot sagt, daß sie in mit vier Pferden bespannten Wagen die äthiopischen Höhlenmenschen oder Troglodyten verfolgt hätten, »denn diese Troglodyten waren außergewöhnlich schnell zu Fuß«, und hält die heutigen Tuaregs für ihre Nachkommen.

Den größten Teil des zweiten Jahrtausends v. Chr. blieb das Wagenpferd der kleine, lebhafte Ponytyp, den die arischen Invasoren mitgebracht hatten. Man konnte diese kleinen Tiere sehr gut reiten, aber ihre militärische Einsatzfähigkeit wurde dadurch begrenzt, daß sie das Gewicht eines bewaffneten Kriegers nicht sehr lange tragen konnten. Außerdem wurde das Reiten als würdelos betrachtet, gut für Stalljungen und dergleichen, aber außer Betracht für Krieger und Würdenträger. Allerdings konnten Streitwagen auf unebenem Boden oder im Gebirge nicht operieren, wo berittene Truppen mit Leichtigkeit vorankamen, und als um 1400 v. Chr. größere Pferde verfügbar wurden, entstanden bald Kavallerieeinheiten, und der Wagen kam für den Kampf aus der Mode. Bei religiösen Prozessionen, bei zeremoniellen und sportlichen Gelegenheiten war er jedoch noch jahrhundertelang im Gebrauch, und in abgelegenen Gebieten hielt er sich aus als Kampfgerät, wie Julius Cäsar feststellen mußte, als er in Britannien einfiel und in seinen Kriegsberichten zugeben mußte, daß der Kampf gegen Wagen selbst für seine erfahrenen Männer äußerst gefährlich war.

Eine typische Domestikationserscheinung ist im allgemeinen, daß die Tiere degenerieren und kleiner werden, aber das Pferd bildete eine Ausnahme zu dieser Regel, wahrscheinlich weil es besser ernährt und gepflegt wurde als die anderen Haustiere. Und sicher gab es unter den gut gehaltenen, mit Getreide gefütterten Wagenpferden auch immer wieder überdurchschnittliche Exemplare, die zur Verbesserung von Körpergröße und Leistungsfähigkeit der ganzen Rasse herangezogen wurden. Als Kraftfutter wurde hauptsächlich Gerste gefüttert. Eine zweite indogermanische Invasion berittener Nomaden brachte um 900 v. Chr. weitere reitbare Pferde in den Mittleren Osten; diese Nomaden ließen sich im Iran, in Medien und Parthien nieder, Gebiete, die dann für ihre Pferdezucht berühmt wurden wie z. B. die Pferde von Nisa, die den etwas zweifelhaften Ruf genossen, riesig groß zu sein und Hufe zu besitzen, die die Erde erbeben ließen. So wurden die Pferde im ersten Jahrtausend v. Chr. immer besser, und infolgedessen wurde in den Gebieten Europas, Asiens und Nordafrikas, in denen man bisher Pferd und Wagen bevorzugt hatte, das Reiten immer populärer. Die neue Entwicklung war aus verschiedenen Gründen von großer historischer Bedeutung, nicht zuletzt wegen der großen Beweglichkeit, die sie den Nomadenhorden der weiten Steppengebiete zwischen Westeuropa und China verlieh. Sie ermöglichte erst jene blitzartigen, an die Wikinger erinnernden Überfälle, die von der See her in jeden ihnen lohnend erscheinenden, unbewachten Küstenstrich eingefallen waren.

Herodots (29) Schilderung der Skythen, eines der berühmtesten Steppenvölker, gibt eine gute Vorstellung von den Schwierigkeiten, die die Verteidigung gegen diese Nomaden bereitete: »Ein Volk ohne befestigte Städte, das in Wagen lebt, die sie überallhin mitnehmen, samt und sonders daran gewöhnt, mit Pfeil und Bogen vom Pferderücken aus zu kämpfen, nicht von der Landwirtschaft, sondern von ihren Viehherden lebend: solch ein Volk kann nicht nur jeden Versuch der Unterjochung, es kann sogar jeden Versuch, auch nur Kontakt mit ihm aufzunehmen, vermeiden.« In Wirklichkeit waren die plündernden Trupps der Nomaden sogar noch beweglicher und schwerer zu fassen, als Herodot es beschrieb: jeder Nomade besaß etwa ein Dutzend Pferde, die sich selbst ihr Futter suchten, von deren Blut und Milch er jedoch im Notfall leben konnte, so daß er von anderen Nahrungsquellen unabhängig war. Der einzige Nachteil war, daß die Pferde ihre Weiden brauchten: nach einem langen, harten Winter waren sie halbverhungert, und das war denn auch üblicherweise die Zeit, in der die Siedlungen gegen die Nomaden losschlugen — wenn ihre Pferde zu schwach waren, um schnell oder weit zu laufen.

Es ist nicht mehr genau festzustellen, woher die Chinesen ihre Kenntnisse der Pferdezucht und des Wagenbaus bezogen, aber es ist sehr wahrscheinlich, daß sie von den Steppenvölkern kamen, Verwandte jener Nomaden, die das Pferd nach Indien und dem Mittleren Osten brachten. Im Gegensatz zu anderen Ländern besaß China aber eigene Herden einheimischer Wildpferde, und die Chinesen züchteten ihre Wagenpferde aus diesen Wildponys im Typ des Przewalski-Pferdes. In China haftete dem Pferd von seinem ersten Auftauchen um etwa 1500 v. Chr. eine gewisse mystische Bedeutung an: Wagenpferde wurden Kaisern mit ins Grab gegeben, es gab sogar einen besonderen Friedhof, auf dem nur Wagenpferde bestattet wurden.

Nach Zeuner (67) ist das ein Zeichen dafür, daß man im Pferd mehr den Kameraden sah als den Sklaven — eine Haltung, die von den Pferdeleuten vieler anderer Nationen geteilt wurde und das dafür verantwortlich sein mag, daß das Fleisch des Hauspferdes für den menschlichen Verzehr weithin tabu war.

Die Chinesen brauchten ihre Wagen hauptsächlich als Gegenwaffe gegen die unaufhörlichen Angriffe der Nomaden an ihren nördlichen Grenzen. Das bedeutete harte Kämpfe, und in ihrem Bemühen, die Oberhand zu behalten und mit dieser Gefahr für ihre gesamte Existenz fertig zu werden, glückten den Chinesen viele Verbesserungen waffentechnischer und taktischer Art. Besonders interessant war die Erfindung einer neuen Anschirrungsart. Bei Tregear (60) lesen wir, daß bei Ausgrabungen aus der Tschou-Periode im vierten Jahrhundert v. Chr. die üblichen Wagen mit Speichenrädern und Pferde im Przewalski-Typ zutage gefördert wurden, aber anstelle des alten »Würgehalsbandes«, das auf die Luftröhre gedrückt und die Blutzufuhr unterbunden hatte, waren sie mit einem Brustblatt angeschirrt, das den Druck weitaus wirkungsvoller auf Brust und Schultern verteilte. Damit waren die Chinesen den Europäern um einige siebenhundert Jahre voraus; erst dann taucht diese Art der Anspannung in Europa auf. Sie mag auch mit ein Grund für den Erfolg der chinesischen Streitwagen dieser Zeit gewesen sein. Aber nun hatten die Nomaden gelernt, Berittene einzusetzen, und ihre Einfälle wurden noch gefährlicher. U. a. bestand die Gefahr, daß die Chinesen von ihren Hauptpferdezuchtgebieten abgeschnitten wurden. Die Pferde der Chinesen waren nicht besser als die der Nomaden, und der Mangel an schnellen, leichten Kavalleriepferden, mit denen man die Nomaden auf ihrem eigenen Gebiet hätte schlagen können, war eine schwerwiegende Schwäche.

Im Jahre 102 v. Chr. schickten die Chinesen eine Militärexpedition nach Ferghana, einem Stadtstaat in Turkestan, offensichtlich in dem Bestreben, ihren Berittproblemen abzuhelfen. Sie sollte Vertreter jenes »überlegenen« Pferdetyps mit nach Hause bringen, die allen Quellen zufolge noch immer die leichten, schnellen Pferde waren, die die Indogermanen fast zweitausend Jahre zuvor in den Mittleren Osten gebracht hatten. Die Expedition brachte nicht nur dreitausend

»Spitzenpferde« zurück, sondern auch dreißig »Himmelspferde«. Man sagte ihnen gewisse mystische Eigenschaften nach: in der heißen Sonne schwitzten sie Blut, in dieser Welt konnten sie dreihundert Meilen an einem Tag galoppieren, und in der nächsten Welt konnten sie eine Menschenseele auf den Heiligen Berg und ins Land des Ewigen Friedens tragen.

Eine Neuerung, die die Kavallerietaktik von Grund auf veränderte, war der Gebrauch des Steigbügels, der dem Reiter einen festeren Sitz und bessere Beherrschung seines Pferdes ermöglichte und es ihm erlaubte, eine lange, schwere Lanze zu schwingen. Der Steigbügel kam in China zwischen dem zweiten und dem vierten Jahrhundert n. Chr. auf und wurde wahrscheinlich von den nomadischen Sarmaten kopiert. Phillips (47) beschreibt die militärische Ausrüstung dieser Soldaten etwa im vierten Jahrhundert v. Chr. wie folgt:

Diese Kavallerie verwendete als erste lederne Riemen, die dem Fuß eine Stütze gaben, so daß ein Lanzenreiter zu Pferd sicheren Halt fand, und sie griff auch als erste in einer geschlossenen Reihe, ein Art berittener Phalanx, an. Mit dieser Ausrüstung und dieser Technik trieben die Sarmaten als nächstes die königlichen Horden der Skythen aus den pontischen Steppen in ihr späteres Zufluchtsgebiet auf der Krim und in der Dobrudscha. Ihre Art zu kämpfen wurde von den Nomaden der Gobi und den Chinesen übernommen. Sie wurde jahrhundertelang charakteristisch für die gesamte iranische Welt, für Siedler und Nomaden gleichermaßen.

Größere Pferde für schwere Kavallerie waren jetzt gefragt, und die Chinesen bezogen sie hauptsächlich aus Parthien, einem iranischen Staat. Zur Zeit des frühen Christentums gab es tatsächlich regelmäßige Pferdeimporte aus verschiedenen Gebieten. Bei Neve (43) lesen wir in einer Beschreibung des achten Jahrhunderts n. Chr.:

Unzählige diplomatische Gesandtschaften aus ganz Asien und dem Mittleren Osten kamen mit Geschenken und Kuriositäten und sehr oft mit Pferden an den kaiserlichen Hof. Am höchsten eingeschätzt wurden die aus den Zuchtgebieten von Khotan und Ferghana, und zur Zeit von Min Huang um 720 und 730 sollen 40 000 Pferde in den kaiserlichen Ställen gestanden haben. Der Kaiser wählte die besten von ihnen aus und behandelte sie wie seine chinesischen Renner. Von allen ließ er Gemälde anfertigen, die schilderten, wie die Pferde mit Stafetten aus fernen Ländern quer durch weite Wüstengebiete gebracht worden waren, so weit her, daß ihre Hufe abgenutzt waren, wenn sie ankamen. Die beliebtesten trugen romantische Namen wie Feuerblüte, Schwebende Wolke, Fliegendes Gelb oder Nächtlicher Blitz.

Weit im Westen der Steppen gab es keine Kultur, die mit der von China oder der des Mittleren Ostens vergleichbar gewesen wäre, nur ziemlich ungebildete Bauernsiedlungen und Weidevölker, die ihren Lebensunterhalt mit Getreide, Hausrindern, Schafen und Schweinen und der Jagd bestritten. Dieses Volk verdankte seine erste Bekanntschaft mit dem Hauspferd und Fahrzeugen auf Rädern dem Streitaxt-Volk, das seinen Namen dem Brauch verdankt, seinen toten Kriegern steinerne Streitäxte mit ins Grab zu geben. Sie waren aus den südrussischen Steppen aufgebrochen und erreichten Mittel- und Nordeuropa im zweiten Jahrtausend v. Chr. Wie in China bildeten auch in Europa die einheimischen Wildpferdeherden den Grundstock für die Pferdezucht, und es werden diese in Europa gezüchteten Pferde gewesen sein, die einige hundert Jahre später nach Westeuropa und Britannien kamen. Pferde in den leichten Schiffen von damals übers Meer zu transportieren, kann keine leichte Aufgabe gewesen sein, und deshalb hatten Pferde in England auch lange Zeit Seltenheitswert und wurden vielleicht mehr für den friedlichen Zug als für gefährliche Kriegszwecke eingesetzt.

Im zweiten Jahrhundert v. Chr. jedoch überquerten die Belger, ein Volk keltischen und germanischen Ursprungs, den Kanal und brachten Pferde und Wagen mit. Ihre kriegerischen Stämme trotzten mit Wagen und Kavallerie Julius Cäsar, als er 55 und 54 v. Chr. nach England vordrang. Ihre Pferde führten wahrscheinlich eine Mischung aus europäischem, Steppen- und Mittelmeerblut, denn auf dem Kontinent trieben die Kelten mit den Griechen, den Italienern und den Skythen Handel und bezahlten willig hohe Preise für jedes gute Pferd, das sie bekommen konnten. Ganz anders die Germanen, die nach Cäsar (9) starrköpfig jeden fremden Einfluß ablehnten:

Sie sind mit den Pferden ihrer eigenen Zucht zufrieden; diese sind zwar klein und häßlich, infolge täglicher Übung jedoch zu sehr harter Arbeit in der Lage. Bei Reiterkämpfen sitzen sie oft ab und kämpfen zu Fuß. Ihre Pferde haben gelernt, völlig ruhig zu stehen, so daß sie im Notfall schnell wieder zu ihnen zurückkehren können. In ihren Augen ist es der Gipfel der Verweichlichung und Schande, einen Sattel zu benutzen, und sie zögern auch bei zahlenmäßiger Unterlegenheit keinen Augenblick, selbst die stärkste Kavallerieeinheit auf gesattelten Pferden anzugreifen.

Später, während der römischen Besetzung, wurden Pferde aus allen Teilen des Römischen Reiches eingeführt, um die Kavallerie beritten zu machen, die hauptsächlich aus Galliern und Germanen, aber auch aus sarmatischen, spanischen und schweizerischen Einheiten bestand.

Zu einer ähnlichen Vermischung der Rassen kam es in allen Ländern unter römischer Herrschaft, und im Verlauf der Jahrhunderte sorgte das Auf und Ab der militärischen Ereignisse in der ganzen bekannten Welt für einen weiteren Kreuzungsprozeß. Dazu gehörten das Vordringen von Attilas berittenen Horden nach Gallien und Italien im fünften Jahrhundert n. Chr. und die vielen Erfolge der Reiter des heiligen Islam, die in Europa erst zum Stehen kamen, als die Araber 732 bei Poitiers von den Franken besiegt wurden. Zu dieser Zeit wurden zu Kriegszwecken fast ausschließlich Hengste geritten, und die fast unaufhörliche transkontinentale Bewegung von Zehntausenden von ausgewachsenen, unkastrierten Tieren verschiedenster Herkunft, Größe und Form muß es zwangsläufig zu einem Ding der Unmöglichkeit gemacht haben, irgendwo eine bestimmte Rasse aufzubauen, es sei denn in ganz entlegenen Gebieten. Trotzdem entwikkelten sich zu dieser Zeit verschiedene nationale Varianten des Pferdes, und Anderson (2) kam nach dem Studium verschiedener antiker Autoren zu folgendem Schluß:

Vor Beginn der mohammedanischen Eroberungszüge hatten die Araber ein hervorragendes leichtes Pferd gezüchtet, den Vorfahren des modernen Arabers, der allem, was es sonst gab, weit überlegen war. Diese Rasse hatte sich in Arabien im Verlauf von sieben oder acht Jahrhunderten entwickelt; davor war das Pferd dort unbekannt.

Gleichzeitig waren die leichten Rassen des klassischen Europa zu wertlosen Prunkpferden degeneriert. Unter den harten Bedingungen

Nordafrikas hatte eine viel zähere Rasse überlebt. Die Angriffe der Barbaren, die den größten Teil der westlichen Provinzen des Reiches überrannt hatten, hatten viel zentralasiatisches Blut mitgebracht, aber auch das schwere Kavalleriepferd, der Vorfahr des mittelalterlichen Ritterpferdes zu Zeiten von König Arthurs Tafelrunde, erfreute sich sicherlich noch immer großer Beliebtheit.

In den östlichen Provinzen und im persischen Reich züchtete man noch immer gute schwere Kavalleriepferde. Aber ihren gepanzerten Reitern fehlte die Beweglichkeit der arabischen leichten Kavallerie. Wenn es zur Schlacht kam, bekamen sie sie gar nicht erst zu fassen, um sie, wie geplant, zermalmen zu können.

Insgesamt waren zu diesem Zeitpunkt der Geschichte die Pferde in Europa eine undifferenzierte Masse, die Pferdezucht war eine vernachlässigte Kunst, und gute Hengste wurden lieber für den Kampf als für die Zucht verwendet. In Spanien allerdings war es anders: Während der maurischen Besetzung, die bis in die Zeit von Columbus anhielt, wurde in der Provinz Andalusien ein schnelles, kräftiges Kavalleriepferd gezüchtet, das viele seiner guten Eigenschaften einem starken Schuß nordafrikanischen Blutes verdankte. In Form dieser andalusischen Rasse kehrte das Pferd auf den amerikanischen Kontinent zurück, von dem es zehntausend Jahre vorher so unerklärlich verschwunden war.

Nach der Entdeckung der Neuen Welt im Jahre 1492 wurde ein Pferdezucht- und Akklimatisierungszentrum auf den Westindischen Inseln gegründet, das den frühen spanischen Expeditionen nach Südamerika, Mexiko und Florida als Ausgangspunkt diente. Die ersten Pferde, die das Festland erreichten, waren die sechzehn, die Hernando Cortez 1519 als Teil der kleinen Streitmacht mit sich führte, die das Reich der Azteken vernichtete und Mexiko eroberte. In den ersten beiden Schlachten wurden vier Pferde getötet und die restlichen schwer verletzt, aber Cortez verdankte einen Gutteil seines Erfolges dem Entsetzen, das diese Tiere bei den Azteken auslösten. In seinem Buch *»La Conquista de Nueva España«* hat Bernal Diaz, ein Teilnehmer der Expedition, liebevoll Farbe und Eigenschaften jedes dieser kostbaren Pferde beschrieben: sie waren zuverlässige Kameraden, alle kannten sie und ihren Namen; es ist undenkbar, daß sie in diesem fremden Land je hätten verlorengehen können oder ausgesetzt worden wären. Als Verstärkung von den Westindischen Inseln und Spanien eintraf, wurden die Pferde natürlich zahlreicher, und vielleicht kümmerte man sich um diese nicht mehr ganz so sorgfältig. In Kriegszeiten und mit vielen Pferden ist es unvermeidlich, daß einige abhanden kommen – in diesem Fall vielleicht die Vorfahren der Mustangs von Mexiko und nördlicheren Regionen. Pizarros Eroberung von Peru einige Jahre später verlief ziemlich nach dem gleichen Muster. Wie die Azteken wurden auch die Inkas beim Anblick weniger Berittener von Furcht und Panik ergriffen.

Ridgeway (48) behauptet, daß die *baguales*, die verwilderten Pferde, die bis vor kurzem in großen Herden von bis zu zwanzigtausend und mehr Tieren die südamerikanischen Pampas bevölkerten, alle von den andalusischen Pferden abstammten, die die Spanier mitbrachten, als sie 1535 Buenos Aires gründeten. Nach einem Angriff der Indios wurde die Stadt überstürzt aufgegeben, und fünf Stuten und sieben Hengste blieben zurück. Als die Spanier fünfundvierzig Jahre später zurückkehrten, hatten sie sich zu einer ansehnlichen Herde vermehrt. Bei einer ähnlichen Katastrophe kamen 1553 in San Juan Bautista nördlich vom Rio de la Plata weiterde Pferde frei, und im Verlauf der Zeit entstanden trotz aller Gefahren eines Lebens in der Wildnis weitere riesige Pferdeherden.

Es gilt als sicher, daß die ersten Pferde, die im westlichen Amerika heimisch wurden, aus der unglückseligen Expedition De Sotos nach Florida stammten. Anscheinend kämpften sich die Spanier mit zweiundzwanzig Pferden in den Booten den Mississippi hinunter. Sie kamen so langsam voran, daß sie beschlossen, die Pferde auszusetzen. »Kaum waren die Spanier wieder in den Booten«, so wird erzählt, »als sich die Indianer den Pferden am Ufer näherten. Die Pferde kannten sie nicht. Sie begannen zu wiehern und stürmten so wild am Ufer auf und nieder, daß sich die Indianer aus Furcht vor ihnen ins Wasser stürzten, sich in ihre Kanus zogen und die spanischen Schiffe verfolgten und wild beschossen.«

Die Indianer verloren ihre Angst vor den Pferden bald, und als die Mustangherden immer größer wurden und sich langsam nach Norden bewegten, nahm ein Stamm nach dem anderen auf den westlichen

Ebenen Lebens-, Kampf- und Jagdformen an, die fast ausschließlich auf dem Pferd basierten. Und als Reiter wurden sie für die europäischen Siedler zu einer fast ebenso großen Gefahr, wie es die Skythen und andere Nomaden der Steppen in früheren Zeiten für die seßhaften Stämme Eurasiens gewesen waren.

Summerhays (57) beschreibt den echten Mustang so:

... ein kleines Pferd, selten über 1,50 m hoch und etwa 600—800 Pfund schwer. Wie alle diese Gebrauchspferderassen, ob im Osten oder im Westen, waren sie nicht gerade eine Augenweide, dürr und struppig, charakterlich nicht immer einwandfrei, aber zäh und mutig und offensichtlich aus Eisen gemacht. Gelegentlich schlugen einmal die entfernten arabischen Vorfahren durch, so daß außergewöhnlich große, schöne und schnelle Tiere entstanden, die dann bald zur Legende wurden. Jede denkbare Fellfarbe war vertreten und viele seltsame Schattierungen und Mischungen, wie man sie sonst wieder nur im Osten findet. Einmal eingebrochen und gezähmt, war der Mustang ein nützliches leichtes Reitpferd, das ursprüngliche Cow-Pony.

Aber kehren wir zurück auf die andere Seite der Welt, wo die Bedürfnisse der holländischen und britischen Siedler in Südafrika, Australien und Neu-Seeland eine große Nachfrage nach Pferden geschaffen hatten.

Die zentralafrikanischen Wälder und die von der Tsetse-Fliege verseuchten Gürtel hatten jedes natürliche Vordringen des Pferdes vom Norden nach Süden, wie es sonst vielleicht der Fall gewesen wäre, verhindert, und so hing in Afrika wie an anderen Orten die Verbreitung des Pferdes vom Schiffsverkehr ab. Im siebzehnten Jahrhundert verschiffte die Dutch East India Company Pferde nordafrikanischen und arabischen Ursprungs für ihre Siedler nach Südafrika. Später kamen auch Transporte aus England, Spanien und den Vereinigten Staaten, und aus der wiederholten Kreuzung dieser verschiedenen Blutlinien entstanden das zähe Kap-Pferd und das Basuto-Pony. Eine Reihe von Faktoren, darunter die vielen Raubtiere und die hohe Sterblichkeit der Pferde infolge der durch Insekten übertragenen afrikanischen Pferdesterbe, verhinderten jedoch, daß sich Südafrika zu einem Pferdezuchtland entwickelte.

Nach Australasien, zu dessen Fauna die Equiden niemals gezählt hatten, kamen die ersten Pferde 1795 per Schiff von Südamerika und vom Kap. Später wurden auch arabische und englische Vollblüter importiert, und aus der Kreuzung all dieser Rassen entstand das typische australische Reitpferd, das nach seinem Hauptzuchtgebiet in Neu-Südwales »Waler« genannt wurde. Trotz periodischer Dürrezeiten bieten weite Teile Australiens dem Pferd gute Lebensbedingungen, so daß entlaufene Tiere, die von keiner Pferdeseuche bedroht wurden, oft große verwilderte Herden bildeten. »Brumbies« nennen die australischen Viehzüchter solche verwilderten Pferde, die viel Schaden anrichteten und deshalb von ihnen nicht sehr geschätzt wurden. Ridgeway (48) nennt zwei Beispiele: eine Herde von zwergwüchsigen Wagenpferden, die von den leichten Zugpferden abstammten, die Goldsucher in der Mitte des neunzehnten Jahrhunderts mitgebracht hatten, und eine weitere, elegantere Herde, deren besseres Aussehen auf die Dienste eines verwilderten persischen Hengstes zurückging. Als für den Viehtrieb in Westaustralien besonders geeignet, erwies sich auch ein anderer Import, das Timor-Pony aus Indonesien. Es erscheint wahrscheinlich, daß arabische Seefahrer von ihrer Ausgangsbasis am Persischen Golf und Aden aus nicht nur Indien, sondern auch viele der indonesischen Inseln schon vom vierzehnten Jahrhundert an mit Pferden belieferten, und angesichts der Verbreitung des Hauspferdes sind die Verdienste jener allgegenwärtigen Kaufleute des Ostens gar nicht hoch genug einzuschätzen.

EUROPÄISCHE UND AMERIKANISCHE PFERDERASSEN

Alle modernen Pferderassen stammen von denselben wilden Vorfahren ab, aber wie auch bei anderen Arten einschließlich des Menschen entwickelten sich je nach Umwelt verschiedene Typen. In Asien, wo Pferde zum erstenmal domestiziert worden waren, entstanden die kleinen Karrenpferde, aus denen schließlich die anmutigen Wagenpferde wurden, die wir auf den Monumenten der antiken Welt abgebildet finden, während die sekundären Zuchtzentren in Nordeuropa und der Mongolei etwas schwerere, der ursprünglichen Wildform des Przewalski-Pferdes ähnlichere Tiere hervorbrachten. Im Verlauf der Wander- und Kriegszüge der Völker, die sich über die Welt verbreiteten und ihre Pferde mitnahmen, vermischten sich diese frühen Varianten wahllos miteinander.

Bewußte Kreuzungszucht gab es schon recht früh, meist mit dem Ziel, Größe und Schnelligkeit der einheimischen Rasse zu verbessern. Die Chinesen und die Gallier z. B. gehörten zu den Völkern, die sich des Wertes einer neuen Blutzufuhr wohl bewußt waren und sich Pferde aus Ferghana, Parthien und Thessalien holten. Aber auch diese berühmten Zuchtzentren brachten eher lokale Varianten als bestimmte Pferderassen hervor. So verdankten die Partherpferde ihren Namen ausschließlich ihrem Herkunftsland und nicht etwa einer besonderen Abstammung, die sie als bestimmte Rasse ausgewiesen hätte.

Ausgewählte Tiere mit bewiesenen Fähigkeiten zu Zuchtzwecken zusammenzuholen, hat den Vorzug, daß sich in den Nachfolgegenerationen ein Standardtyp entwickeln und erhalten kann. So wissenschaftlich ging man in der antiken Welt das Problem selten an, genau genommen, war Zuchtwahl bis vor nicht allzu langer Zeit überhaupt etws Unbekanntes. Normalerweise waren Umweltbedingungen und temporäre Bedürfnisse dafür ausschlaggebend, wie das Pferd einer bestimmten Gegend aussah; ein überlegtes Zuchtprogramm gab es nicht. Wenn aus dem Ausland außergewöhnlich gute Pferde eingeführt wurden, ließ man sie entweder frei, so daß sie sich wahllos mit den freilebenden einheimischen Tieren vermischten, oder zog ein paar hervorragende Nachkommen, ohne einen Gedanken an eine neue Rasse zu verschwenden. Fast durch Zufall entstanden jedoch schon in einer recht frühen Zeit einige Rassen, darunter das Paradebeispiel des arabischen Pferdes.

Der Araber. Die Rasse besteht aus einer Reihe von Familien und Blutlinien, die alle östlichen Ursprungs, heute aber in der ganzen Welt verstreut sind. Sie wurden u. a. zur Veredelung einheimischer Rassen und zur Begründung neuer Rassen eingesetzt.

In vorchristlicher Zeit war Arabien ein fernes, seltsames Land. Herodot erwähnt es als Heimat des Phönix und geflügelter Schlangen, die jedes Frühjahr nach Ägypten flogen, sagt aber nichts darüber, ob es Pferde irgendwelcher Art gab. Nur Kamele, Wildesel und Onager werden erwähnt. Im großen Heer des Xerxes war das arabische Kontingent auf Rennkamelen beritten, die von der Kavallerie streng getrennt gehalten wurden, damit sie die Pferde nicht mit ihrem Geruch beunruhigten. Ganz offensichtlich waren die Araber damals keine Reiter, sondern nur Kamelreiter.

Nach Anderson gibt es vor dem sechsten christlichen Jahrhundert keine Beschreibung des arabischen Pferdes. Die erste stammt von Timotheus von Gaza, der die arabischen Pferde in seinem Katalog aller vierfüßigen Bewohner des Mittleren Ostens erwähnt:

Pferde von guter Größe, im allgemeinen von rotbrauner Farbe, mit regelmäßigen, gut proportionierten Köpfen, die so hoch getragen werden, daß sie sich dem Gesicht des Reiters nähern, hochmütig und feurig, voll unbändigem Stolz, sehr eifrig, schnell, feingliedrig, völlig hingegeben an die Hitze des Rennens, ihr Galopp ähnelt mehr einem leichtfüßigen Hüpfen als einem Vorwärtsschwingen, ihr Körperbau ist schlank und geschlossen. Dem Araber macht die Hitze nichts aus, er genießt die Sonne eher. Er hat ein schönes Fell, ist anspruchslos im Futter und zeigt ein würdevolles Betragen.

Auch Ridgeway (48) ist der Ansicht, daß die Araber im sechsten Jahrhundert schon eine Pferdezucht betrieben, denn aus dieser Zeit ist ein erbitterter Stammeskrieg überliefert, der um den Besitz eines berühmten Pferdes namens Dahis geführt wurde. Weitere hundert Jahre jedoch blieben die Pferde auf der arabischen Halbinsel knapp.

Um diese Zeit hatten die islamischen Heere mit den Eroberungsfeldzügen begonnen, in deren Verlauf sie u. a. alle wichtigeren Pferdezuchtgebiete im Mittleren Osten und Nordafrika unter ihre Herrschaft brachten. Ihr erster Einfall in Palästina und im Irak erwies sich als so mühelos und erfolgreich, daß sie gleich noch Syrien, die Türkei, Persien, Mesopotamien, Turkestan, Ägypten und einen Großteil Nordafrikas dazu eroberten. Von Fisher (20) stammt die Behauptung, die Araber hätten die Eroberung der Welt und die Ausbreitung des mohammedanischen Glaubens nicht mit einem klar umrissenen

Programm begonnen, sondern ihr Reich eher so errichtet wie nach ihnen andere Nationen auch, blindlings, mit keinem anderen Ziel als dem des Raubens. Mit einiger Berechtigung darf man annehmen, daß Pferde eine hochgeschätzte Beute waren. Man brauchte sie, um die im Felde stehende arabische Kavallerie beritten zu machen und zur Verstärkung der heimischen Zucht, besonders der auf der arabischen Halbinsel selbst, die verglichen mit dem übrigen Mittleren Osten noch in den Kinderschuehen steckte.

Daß es soweit ab von der Welt lag und durch seine Wüsten fast unzugänglich war, ersparte Arabien einen großen Teil der Unruhe und der Eindringlinge, die die Menschen und Pferde Europas in so ständiger Bewegung hielten. In seiner glücklichen Isolierung hatte das Land Gelegenheit, vom siebten Jahrhundert fast bis heute seine eigenen Pferderassen zu entwickeln. Natürlich mußte es in einem Land dieser Größenordnung zu gewissen Unterschieden im Äußeren der von verschiedenen pferdezüchtenden Stämmen hervorgebrachten Pferde kommen, deren Weidegründe oft Hunderte von Kilometern auseinanderlagen. Es gab hitzige Meinungsverschiedenheiten darüber, welcher Stamm und welcher Teil Arabiens die besten Pferde züchtete. In Syrien, im Irak, Iran und in Jordanien waren gute Pferde zu finden, aber allgemein anerkannt war, daß die besten Pferde aus dem Nedschd, dem Zentralplateau der Halbinsel, stammten. Sie hatten die beste und reinste Abstammung und ertrugen Hunger, Durst und Müdigkeit im Verlauf langer Raubzüge — Überfälle auf reiche Karawanen, mit den Waffen ausgetragene Meinungsverschiedenheiten mit einem Nachbarstamm — am besten. Die Wüste war ein wunderbares Testgelände, was gesunde Konstitution und Überlebensfähigkeit unter extrem harten Bedingungen anbetraf. Da Vermögen, Ehre und sogar Existenz eines Stammes vom Leistungsvermgen seiner Pferde abhängen konnten, mußte die Fähigkeit, diesen harten Leistungstest zu bestehen, eines der Hauptkriterien für die Auswahl von Zuchttieren sein. Schönheit sowie Eleganz der Glieder und Bewegungen war von sehr zweitrangiger Bedeutung.

Große, vielleicht sogar übertriebene Bedeutung wurde der Abstammung beigemessen, die immer mütterlicherseits verfolgt wurde, viele Generationen zurück bis zu einer berühmten Stammstute im Besitz eines Scheichs oder eines Stammes. Es ist erstaunlich, daß ein Volk von Analphabeten die Kontinuität von Abstammungsnachweisen wahren konnte, aber die Abstammung war, wie Carsten Niebuhr, ein Reisender des achtzehnten Jahrhunderts, in seinen Memoiren berichtet, von größer Wichtigkeit für die Beduinen:

Tatsächlich besitzen die Araber keine geschriebenen Abstammungsnachweise ihrer Pferde; trotzdem sind sie sich der Legitimität der Nachkommen sicher, denn eine edle Stute darf nur im Beisein von Zeugen, die Araber sein müssen, gedeckt werden. Diese Menschen sind zwar einem Meineid nicht grundsätzlich abgeneigt, aber bei so wichtigen Dingen bemühen sie sich um größtmögliche Korrektheit. Es gibt kein Beispiel für ein falsches Zeugnis in bezug auf die Abstammung eines Pferdes. Jeder Araber ist davon überzeugt, daß er und seine ganze Familie ruiniert wären, wenn er in einer Angelegenheit von solcher Bedeutung einen Meineid leisten würde. Die Araber haben keine Bedenken, ihre Hengste zu verkaufen, von ihren Stuten jedoch trennen sie sich nicht für Geld. Wenn sie sie nicht mehr unterhalten können, treffen sie Regelungen mit anderen, die ihnen einen Anteil an den Fohlen sichern oder ihnen die Möglichkeit belassen, sie nach einer gewissen Zeit zurückzukaufen.

Dieses äußerst selektive, generationenlang praktizierte Zuchtsystem brachte ein ausdauerndes, mutiges Tier hervor, das den militärischen Bedürfnissen der leichten Kavallerie ebenso entsprach wie der zivilen Nachfrage in Indien und andernorts nach einem kleinen Pferd für den Reit- und Rennsport. Infolgedessen nahm der Pferdehandel mit der übrigen Welt im neunzehnten Jahrhundert solch einen Umfang an, daß es in den Wüsten kaum noch Pferde gab. Alles wurde verkauft, um die Nachfrage zu befriedigen. Im zwanzigsten Jahrhundert schließlich, im Zeitalter der Mechanisierung und mit abnehmender Gelegenheit, Karawanen aufzulauern und Ähnlichem, büßte die Pferdezucht für die Beduinenstämme mehr oder weniger ihren Zweck ein, und heute gehört das wirklich in der Wüste gezogene Pferd fast der Vergangenheit an. Aber auch die reine Schönheit des Arabers hat für viele Leute einen großen Reiz, und das war neben nützlichen Erwägungen vielleicht der Grund, warum Bewunderer des arabischen Pferdes in vielen Ländern Arabergestüte gegründet haben: im Mittleren Osten, in Europa, Nord- und Südamerika, Südafrika, Australien und Japan. Durch diese weite Verbreitung werden schon wieder neue Linien geschaffen, ein Prozeß, der noch dadurch beschleunigt wird, daß es keine international anerkannte Definition eines reingezogenen Arabers gibt. Jedes Land verteidigt seine eigenen Maßstäbe fast ebenso fanatisch wie früher die verschiedenen pferdezüchtenden Beduinenstämme.

Die wahre Bedeutung des Arabers liegt weniger in seiner Nützlichkeit und Schönheit, als vielmehr in seinem außerordentlichen Beitrag zur Verbesserung und Veredelung einheimischer Tiere in der gan-

Nasrullah. Ein beispielhafter Vertreter der Vollblutrasse. Ein Hengst von außergewöhnlicher Durchschlagskraft. In den 50er Jahren war er der erfolgreichste Vererber in den USA und in England.

zen Welt und zur Schaffung neuer Rassen. Das englische Vollblut z. B. stammt zum Teil vom Araber ab, und es gibt kaum eine Pferderasse, die nicht irgendeinen Araber zu ihren Vorfahren zählt.

Offiziell gibt es das englische Vollblut seit 1793, als das General Stud Book eröffnet wurde. Von den ersten in diesem Buch eingetragenen Tieren gibt es noch heute drei direkte männliche und einige dreißig direkte weibliche Linien. Diese Vorfahren waren hauptsächlich orientalischer Herkunft, einige der Stuten allerdings waren englischer Abstammung oder englisch-orientalische Kreuzungen.

Diesem historischen Datum gingen einige hundert Jahre voraus, in denen Pferderennen und die Zucht von Rennpferden, verbunden mit dem Import fremder Rassen, ständig an Bedeutung gewannen. Im sechzehnten Jahrhundert z. B. nannte man jedes Rennpferd, das auch nur das geringste Merkmal von fremdem Blut aufwies, einen Berber — ob es nun spanisches, italienisches, afrikanisches oder arabisches Blut war, das es prägte. Pferde mit wirklich orientalischer oder afrikanischer Abstammung dagegen bezeichnete man oft unterschiedslos als Türken, Araber oder Berber, weil ihre Heimat zum Osmanischen Reich gehörte.

Nach vielen Jahren der Erfahrung in der Kreuzung importierter Tiere mit einheimischen war im England des achtzehnten Jahrhunderts allgemein bekannt, daß die Pferde aus dem Osten gut zu den einheimischen paßten und Nachkommen hervorbrachten, die größer und schneller waren als die Elterntiere, und aus diesem und anderen Gründen wurde es gewinnbringende Mode, ausländisches Zuchtmaterial einzuführen.

Die drei Stammväter, deren Linien noch heute existieren, kamen alle aus dem Ausland, keiner von ihnen wurde auf der Rennbahn erprobt, und zwei von ihnen, der Byerley Türk und der Godolphin Arabian, kamen mehr aufgrund eines bizarren Zufalls als mit Absicht nach England.

Der Byerley Turk soll ein arabisch gezogenes Pferd gewesen sein, das Captain Byerley als Anteil an der ungeheuren Beute zufiel, die den Türken abgenommen wurde, als ihr Heer 1683 vor den Toren Wiens geschlagen und zurückgetrieben wurde. Im Jahre 1690 ritt Byerley das Pferd in der Schlacht bei Boyne in Irland, an der er auf

Der Byerley Turk. Der erste der drei Stammhengste, von denen alle Vollblüter abstammen. Er soll turkmenischer Abstammung gewesen sein.

Der Darley Arabian. Der zweite Stammhengst. Von ihm weiß man mit Sicherheit, daß er ein reingezogener Araber war.

Der Godolphin Barb. Der dritte Stammhengst. Seine Abstammung ist nicht bekannt, er soll jedoch aus Nordafrika gekommen sein. Vieles spricht dafür, daß er ein Berber war.

Seiten König Wilhelms III. teilnahm. Bald danach zog er sich mit seinem Pferd nach Yorkshire in ein friedlicheres Leben zurück. Der Linie des Byerley Turk entstammen die berühmten Rennpferde Herod und The Tetrarch.

Die Geschichte des Godolphin Barb, der manchmal auch Godolphin Arabian genannt wird, war noch viel seltsamer. Manche Autoren beschreiben ihn als häßliches kleines Tier mit Hängeohren und einem üblen Charakter. Sein von John Wooton gemaltes und später von Stubbs kopiertes Porträt ist jedoch schmeichelhafter als die Beschreibungen. Er gehörte zu einem Lot von acht Berberpferden, die der Bey von Tunis König Ludwig XV. von Frankreich zum Geschenk machte, aber, so erzählt die Geschichte, sein armseliges Äußeres und sein bösartiges Benehmen gefielen weder dem König noch irgend jemand sonst, so daß er in rascher Folge immer wieder den Besitzer wechselte, bis er schließlich den schweren Karren eines Pariser Holzhändlers zog. Von dieser Fronarbeit errettete ihn 1729 ein englischer Besucher namens Edward Coke, der ihn mit nach Hause auf sein Gestüt in Derbyshire nahm. Dort nannte man ihn den Paris Barb, den Berber aus Paris. Nach Cokes Tod einige Jahre später wurde der Hengst an Lord Godolphin verkauft und erhielt den Namen, den er noch heute trägt. Zur Goldolphin-Linie gehören Matchem, Hurry On und das berühmte amerikanische Rennpferd Man O'War.

Der dritte und vielleicht einflußreichste Beitrag zur Entwicklung des Vollbluts kam auf konventionellere Weise nach England. Thomas Darley, ein in Aleppo lebender englischer Kaufmann, erwarb in der syrischen Wüste ein schönes braunes Hengstfohlen von hervorragender Abkunft und schickte es 1704 mit dem Schiff nach England zu seinem Bruder, der in Yorkshire ein Gestüt besaß, mit der bescheidenen Bemerkung, er hoffe, das Pferd werde in England kein allzu großes Mißfallen erregen. Der Darley Arabian – unter diesem Namen wurde er bekannt – erwarb sich bald einen Ruf als erfolgreicher Deckhengst, denn er hatte viele siegreiche Nachkommen, darunter Whistlejacket und Flying Childers. Aus seiner Linie gingen außerdem später Eclipse, St. Simon und viele andere Pferde mit überragender Rennleistung hervor.

Die Stammütter scheinen hauptsächlich Berberstuten, Engländerinnen und Anglo-Berber-Kreuzungen gewesen zu sein. Echtes arabisches Blut war anscheinend nur sparsam vertreten. Es kann kein Zweifel darüber bestehen, daß der Berber von verschiedenen Linien, die bei der Entstehung des Vollbluts mitwirkten, eine der wichtigsten war.

Der Berber erhielt seinen Namen nach der Berberei, der nordwestlichen Ecke Afrikas, die einst Marokko, Algerien und Tunis umfaßte, dazu noch Tanger, jenen Mittelmeerhafen, den Katharina Maria von Portugal ihrem Gemahl König Karl II. von England 1662 mit in die Ehe brachte. Etwa um diese Zeit bestand zwischen der Berberei und Europa ein umfangreicher und blühender Handel mit Pferden, die in großer Zahl besonders nach Spanien und Frankreich exportiert wurden. Viele dieser Tiere waren von minderer Qualität, aber es gab auch viele gute Pferde mit erstklassiger Abstammung darunter, und insgesamt wurde der Berber als Rennpferd, als ausgezeichnetes leichtes Kavalleriepferd und als zuverlässiger Veredelungshengst für andere Rassen geschätzt. Man erkannte an, daß eine der besten leichten Pferderassen in Europa, die Andalusier, ihre hervorragenden Eigenschaften Berberahnen zu verdanken hatten. Und es waren hauptsächlich Pferde andalusischer Abstammung, die Amerika im vorigen Jahrhundert rekolonialisiert hatten.

Im Gebäude ähnelt der Berber dem Araber, er hat jedoch einen gewöhnlicheren Kopf und einen niedrigeren Schweifansatz. Er vereint auf nützliche Weise Geschwindigkeit und Ausdauer bzw. – wie ein Autor aus dem siebzehnten Jahrhundert es ausdrückte –, wenn er warm ist und in seinem natürlichen Tempo geritten wird, gibt es kein Pferd, das leichtfüßiger, kräftiger und geschickter wäre und sich besser für einen Ritt von einer oder zwei Stunden eignete. Er hat sich bei der Zucht von Rennpferden bewährt; die Nachkommen eines Berberhengstes sind gewöhnlich ausdauernd, schnell und von gutem Kaliber.

In den folgenden Jahren führte eine Reihe von Faktoren zu einem allmählichen Niedergang der Zucht. Youatt (66), ein Schriftsteller aus dem frühen neunzehnten Jahrhundert, sah den Hauptgrund dafür in einer langen Periode tyrannischer Regierung, die den Versuch, gute Pferde zu züchten, nutzlos und vergeblich machte:

Nur unter den Stämmen in der Wüste, die sich außerhalb der Reichweite ihrer tyrannischen Herrscher befinden, sieht man noch den Berber von hervorragender Abstammung, gutem Äußeren und überdurchschnittlicher Leistung. Tief in der Sahara gibt es eine edle Berberrasse, bekannt als Trinker der Lüfte oder Wüstenpferde. Jackson sagt von ihm, daß das Wüstenpferd für das gemeine Berberpferd das ist, was das Wüstenkamel für das gewöhnliche Lastkamel ist, daß es nur Gerste oder Weizen frißt – afrikanische Pferde erhalten niemals Hafer – und daß es mit nicht mehr als ein wenig Kamelmilch schier unglaubliche Entfernungen quer durch die Wüste zurücklegen kann. Hauptsächlich wird es für die Jagd auf Antilope und Strauß verwendet.

Seither ist viel europäisches und arabisches Blut eingeführt und unterschiedslos eingekreuzt worden, und echte Berber sind auch in der Wüste eine Seltenheit geworden.

Nachdem die Mischung aus Berbern, Arabern und englischen Linien in England Wurzel gefaßt und die neue Rasse, das Vollblut, ihre Überlegenheit über jede andere Rasse auf der Rennbahn bewiesen hatte, war nur zu erwarten, daß auch andere Länder Vollblüter importieren und Konkurrenzvollblutzuchten errichten würden. Wirklich haben Vollblutzucht und Rennen mehr und mehr einen internationalen Charakter angenommen. Besonders Amerika, Frankreich und Italien haben sich mit Erfolg eine eigene Vollblutzucht aufgebaut, die hauptsächlich auf im englischen General Stud Book eingetragene Vorfahren zurückgeht. Die Vereinigten Staaten unterhalten einen eigenen Abstammungsnachweis, das American Stud Book, aber das hindert sie ebenso wenig wie alle anderen Länder der Welt daran, ihre Gestüte regelmäßig mit Zuchtmaterial aus Großbritannien aufzufüllen.

Die Leistung auf der Rennbahn ist nicht die einzige Eigenschaft des Vollblüters. Zweihundert Jahre intensiver Zucht haben ein Pferd von großer Erbtreue geschaffen, d. h. ein Tier, das seinen Nachkommen viele seiner eigenen guten Eigenschaften und wünschenswerten Qualitäten mitgibt und das daher sehr nützlich für die Entwicklung und Verbesserung anderer Rassen ist. In England und Irland z. B. lautet die erprobte Formel für die Zucht eines Hunters: Man nehme einen Vollbluthengst und kreuze ihn mit einer schwereren Stute. Im Idealfall vereint das Produkt die von der Mutter ererbte Eigenschaft des Gewichtsträgers mit der Eleganz, dem Temperament und den sportlichen Fähigkeiten des Vaters.

Ein großer Teil der von der Household Cavalry gerittenen Pferde, sowohl die Rappen der Reiter als auch die Schimmel der Trompeter, sind in Irland gezogene Tiere im Huntertyp. Bei manchen verrät Haltung und Eleganz einen hohen Vollblutanteil, während andere wieder mehr nach ihren stämmigen, ruhigen Müttern schlagen. Für zeremonielle Aufgaben in London mag ein ruhiger, starker Halbblüter mit angenehmen Gängen oft einem temperamentvollen Vollblüter vorzuziehen sein, der wahrscheinlich wenig für Menschenmassen und Verkehr übrig hat. Die ruhigsten und stärksten bei Zeremonien eingesetzten Pferde sind die, die die Trommeln tragen; in ihnen fließt selten auch nur ein Tropfen Vollblut. Diese riesigen Schecken mit einem Stockmaß von 1,80 m und mehr dürfen mit ihrer schweren, unhandlichen Last nur Schritt gehen und werden von ihren Reitern, die beide Hände für die Trommelstöcke frei haben müssen, mit Hilfe von an den Steigbügeln befestigten Zügeln gelenkt. Auch die Pferde der Berittenen Polizei und ein Teil der King's Troop, Royal Horse Artillery, gehören zu den Pferden im Huntertyp, die man heute noch auf den Straßen von London sehen kann.

Aus einer anderen interessanten Kreuzung, der eines Arabers mit einer Vollblutstute, ist eine neue Rasse, der Anglo-Araber, entstanden, der Größe und Schnelligkeit der englischen Seite auf das Glücklichste mit der Anmut und Fröhlichkeit des Arabers vereint, so daß sehr oft besonders schöne Show- oder Dressurpferde entstehen, die auch im Gelände gute Leistungen zeigen. Auch bei vielen britischen Ponyrassen ist das Vollblut zur Erzielung von mehr Körpergröße und Schönheit eingesetzt worden. Marsk, der Vater des großen Eclipse, lief z. B. von 1765—69 frei mit den New Forest Ponys. Die Beimischung von Vollblut ergibt wertvolle Showponys und ausgezeichnete kleine Hunter, wobei jedoch die Gefahr besteht, daß die natürliche Härte und Anspruchlosigkeit der einheimischen Ponyrassen, die viele Generationen lang ein halbwildes Leben in den Hügeln und Mooren Englands führten, verlorengeht.

Pferde der King's Troop, einer Artillerie Einheit. Verwendet werden meist im Typ des irischen Hunters stehende Halbblüter.

Shetland-Pony. Die kleinste und wahrscheinlich die reinste und älteste Ponyrasse Großbritanniens.

Welsh-Mountain-Ponys. Eine der beliebtesten der vielen britischen Ponyrassen. Von Zeit zu Zeit wurde fast allen Ponyrassen Araber- und anderes Fremdblut zugeführt, aber im wesentlichen unterscheiden sie sich auch heute noch kaum von ihren Vorfahren, die seit Jahrhunderten die Moore und Hügel Englands bewohnen.

Es ist ganz lehrreich, die hübschen kleinen Show-Ponys und Miniatur-Hunter von heute mit der Beschreibung ihrer Vorfahren vor hundertfünfzig Jahren aus der Feder eines Fachmannes zu vergleichen. Youatt (66) schreibt über die Ponys, die er im frühen neunzehnten Jahrhundert kannte, folgendes:

Die modernen New Forester haben im allgemeinen trotz ihres Marsk-Blutes ein schlechtes Gebäude, große Köpfe, kurze Hälse und vorstehende Hüftknochen, sind aber hart, sicher und nützlich und zeigen viel von ihrer alten Schnelligkeit und ihrem alten Temperament und all ihre alten Gangarten. Es gehört viel Geschicklichkeit dazu, diese Ponys einzufangen, vergleichbar mit der Jagd auf die Wildpferde der südamerikanischen Pampas, und noch mehr Geduld.

Das Welsh Pony ist eines der schönsten Kleinpferde, die man sich vorstellen kann. Es besitzt einen kleinen Kopf, ausgeprägten Widerrist, tiefen, aber runden Rumpf, kurze Gelenke, gerade Beine und gute runde Hufe. Es ist anspruchslos und unermüdlich. Die Exmoor-Ponys sind zwar ziemlich häßlich, aber hart und nützlich.

Ein bekannter Reiter sagte, er sei einmal ein Halbdutzend Meilen auf einem Exmoor-Pony geritten und habe nie zuvor soviel Kraft und Aktion in einem so kleinen Körper verspürt.

Im Dartmoor gibt es eine Ponyrasse, die dort sehr beliebt ist, weil sie trittsicher, hart und bewundernswert dafür geeignet ist, über die rauhen Straßen und die öde Wildnis dieses Berglandes zu klettern. Das Dartmoor Pony ist größer als das Exmoor Pony und womöglich noch häßlicher.

Das Highland-Pony ist dem Galloway weit unterlegen. Der Kopf ist groß, der Rücken lang, die Hinterhand überbaut, die Beine sind kurz und steil gefesselt, es kommt nur langsam vorwärts und ist außer im Galopp unbequem zu sitzen. Sein Leben macht es hart, denn es sieht sommers wie winters kaum je einen Stall. Wenn diese Tiere zu einer trügerischen Stelle im Boden kommen, beschnuppern sie sie erst und klopfen dann auf eine besondere Art mit einem Vorderhuf darauf. Die Berührung und das Geräusch verraten ihnen, ob der Boden sie trägt. Dasselbe machen sie auf Eis und finden so in einer Minute heraus, ob sie weitergehen sollen oder nicht.

Das Shetland Pony, in Schottland »Sheltie« genannt, ist auf den äußersten schottischen Inseln zu Hause. Es ist winzig klein — manchmal nicht größer als 80 cm und selten höher als 1 m. Es ist oft außergewöhnlich schön, hat einen kleinen Kopf, einen kurzen, sich zum Kopf zu verjüngenden Hals, tiefe, wohlbemuskelte Schultern, einen kurzen Rücken — bei einem so kleinen Geschöpf alles andere als ein Makel —, eine kräftige, ausladende Hinterhand, klare, gerade Beine, hübsche runde Hufe und ein gutmütiges Temperament. Für ihre Größe haben sie eine enorme Kraft, sind hervorragende, anspruchslose Futterverwerter und sehr zahm. Ein 90 cm großes Exemplar trug einmal einen 75 kg schweren Mann an einem Tag 60 km weit.

All diese von Youatt beschriebenen Berg- und Moorrassen gibt es noch heute. Sie sind wie die stämmigen Connemara-Ponys aus Irland und die Fell- und Dales-Ponys aus Nordengland ausgezeichnete Reitponys. Aus Kreuzungen mit Vollblütern oder Arabern können gute Show- und Hunter-Ponys entstehen.

Jede Rasse besitzt ein eigenes Zuchtbuch, und insgesamt kann man sagen, daß Qualität und Standard der Rassen erhalten geblieben und vielleicht sogar verbessert worden sind: Selbst Youatts kritische Augen würden heute wahrscheinlich mit Wohlgefallen auf den Forest-, Exmoor und Dartmoor-Ponys ruhen. Sie sind im Durchschnitt auch größer, möglicherweise aufgrund besserer Pflege und Fütterung, und oft ist es ein Problem, eine gut genährte Ponyzucht innerhalb der für die Rasse festgelegten Grenzen zu halten. Die Ernährung kann aber nicht der einzige Grund dieses Phänomens sein: die Größe eines Fohlens hängt wahrscheinlich mehr von der Mutter ab als von der Futtermenge. Walton und Hammond (64) haben gezeigt, daß bei reziproken Kreuzungen zwischen großen Shire-Pferden und kleinen Shetland-Ponys die Größe des Fohlens von der Größe der Mutterstute bestimmt wird. Die inneren Drüsen der kleinen Shetland-Stute sorgen dafür, daß das Fohlen nicht größer wird, als sie es gefahrlos zur Welt bringen kann. Das Kreuzungsprodukt aus einer Shire-Stute dagegen ist bei der Geburt dreimal so groß wie das Kreuzungsprodukt aus einer Shetland-Stute. Mit vier Jahren besteht immer noch ein beträchtlicher Unterschied, denn das erste ist eineinhalbmal so schwer wie das zweite.

Die Herkunft der Ponyrassen ist unklar. Aber wo die Straßen

überhaupt nicht vorhanden oder für Wagen unpassierbar waren, wurde jegliche Art von Gütern hauptsächlich mit Packponys befördert. Summerhays (57) sagt, daß das Fell-Pony früher in großer Zahl dafür benutzt wurde, Kohle und Blei aus den Minen in die Häfen an der Küste zu transportieren. Hundert Kilogramm Blei hatte jedes Tier zu tragen, und mit dieser Last legten die 1,45 m großen Tiere zu je zwanzig unter der Führung eines Reiters bis zu fünfundvierzig Kilometer am Tag und mehr zurück.

Einen direkten Gegensatz zu den Ponys bilden die massiven Zugpferde, die Shires, Clydesdales und Suffolk Punch von England und die französischen Percherons. Im Mittelalter wurden schwere Pferde, damals auch »Große Pferde« genannt, speziell für die schwergepanzerten Ritter ihrer Zeit gezüchtet, und der militärische Bedarf scheint das Angebot immer überstiegen zu haben, so daß sie teuer zu kaufen und teuer zu unterhalten waren, denn bei ihrer Körpergröße brauchten sie auch gewaltige Mengen Futter. Vom zivilen Stand-

Percheron. Ursprünglich ein schnelles, aktives Zugpferd mit arabischem Bluteinschlag, heute ein schwerer Kaltblüter, der sich sowohl in seiner Heimat Frankreich als auch in Nord- und Südamerika großer Beliebtheit erfreut.

punkt waren sie im Vergleich zu den kleineren Rassen unökonomisch, und außerdem paßten sie weder in das zivile Beförderungssystem, das auf Reitpferden und Packponys basierte, noch in die damalige Landwirtschaft, die von langsamen Ochsengespannen beherrscht wurde.

Eine Reihe von Faktoren brachte es mit sich, daß das schwere Pferd doch allgemein Verwendung fand — die eisengepanzerten Ritter verschwanden von den Schlachtfeldern, Straßen und Fahrzeuge wurden besser, so daß mehr Kutschen und Karren verwendet wurden, und in der Landwirtschaft entwickelten sich neue Praktiken und Maschinen, die die Zugochsen aus der Mode brachten. Bis zum siebzehnten und achtzehnten Jahrhundert entstanden unterschiedliche lokale Varianten: ein Vielzweckpferd in Yorkshire, ein riesiger, träger Schlag von Rappen in den Midlands und der aktivere Suffolk-Punch in Ost-Anglien, dazu eine große Anzahl von schweren Pferden unbestimmter Rasse, die nur gezogen wurden, um den unersättlichen Bedarf an solchen Tieren in Stadt und Land zu befriedigen. Es war dies nämlich die Zeit des Bevölkerungswachstums und der Wirtschaftsexpansion, und für das schneller werdende Tempo des Lebens waren die Zugpferde so wichtig wie später die Dampfmaschine und der Verbrennungsmotor.

Die englischen Rappen gehörten zu der Art, die Robert Bakewell, der Pionier der Tierzucht, als Grundstock für eine gezielte Zucht auswählte und aus der er durch sorgfältige Zuchtwahl das Shire Horse entwickelte, das zwar noch die Größe der Vorfahren, nicht aber deren Schwerfälligkeit aufwies, die zu folgender Beschreibung der englischen Rappen geführt hatte: »Langsam wie Schnecken, zum Fressen besser ausgerüstet als zum Arbeiten und so träge, daß sie sogar noch ihre Kutscher anstecken.« Die Rasse hat heute ein eigenes Zuchtbuch, und typische Shires, die es als Rappen, Braune oder Schimmel gibt, sind um 1,80 m groß und wiegen bis zu einer Tonne und mehr. Ihre Größe, ihr Gewicht und ihre Aktivität befähigen sie, enorme Lasten zu bewegen, und diese Fähigkeit zusammen mit einem attraktiven Aussehen und viel Persönlichkeit sichern ihnen beständige Beliebtheit als Arbeitspferde, in Großbritannien und auch in vielen anderen Ländern.

In Schottland begegnete man der beginnenden Nachfrage nach Wagenpferden dadurch, daß man flämische Hengste gezielt mit Stuten vom alten Packpferdetyp kreuzte, wie er Ende des achtzehnten Jahrhunderts im Clyde-Tal zu finden war. Auch Shire-Blut wurde eingekreuzt, aber spätestens von 1878 an, als die erste Ausgabe des Clydesdale Stud Book veröffentlicht wurde, waren die Clydesdales eine eigene Rasse. Sie sind weniger massiv als die Shires, vereinen Muskelkraft aber so glücklich mit Beweglichkeit, daß sie ebenfalls sehr wertvolle Zugpferde darstellen. Als Fellfarben kommen verschiedene Brauntöne und Schwarz mit viel Weiß im Gesicht und an den Beinen vor.

In Frankreich begründeten die Bauern der Provinz La Perche in der Normandie die verbreitetste und beliebteste Kaltblutrasse, den Percheron. In ihm fließt ein wenig orientalisches Blut gemischt mit

Clydesdale. Ein schweres, kraftvolles Zugpferd, gezogen im 18. Jahrhundert in Schottland aus einer kleineren Rasse von Packpferden.

einigen der kontinentalen und englischen Zugpferderassen. Der Percheron ist ein kräftiges, kurzbeiniges, aktives Pferd, entweder ein Schimmel oder ein Rappe. Außer in Frankreich wird er auch in England, den Vereinigten Staaten und Kanada gezüchtet. Zu einer Zeit waren etwa neunzig Prozent der Londoner Buspferde in Amerika gezogene Percherons, und im Ersten Weltkrieg verwendete die britische Armee den Percheron zum Ziehen der Schweren Artillerie.

Der Suffolk Punch ist, wie sein Name sagt, ein untersetztes Tier von enormer Kraft und mit viel Herz. Youatt (66) sagt von ihm: »Der Suffolk zieht an einem toten Gewicht, bis er umfällt. Es ist ein herrlicher Anblick, wenn ein Gespann echter Suffolks auf ein Zeichen des Fahrers hin, ohne Peitschenhilfe, sich in einem Augenblick auf die Knie wirft und wegzieht, was es auch sei. Ihre Kraft war des öfteren Gegenstand hoher Wetten, wodurch viele gute Gespanne Schä-

Suffolk Punch. Eine der ältesten britischen Kaltblutrassen. Gezüchtet wurde er für die landwirtschaftliche Arbeit auf schwerem Boden und für den Zug.

Mustangs. Eine Gruppe wilder Pferde am Fuß des Gebirges in Montana, USA.

den erlitten oder kaputtgingen. Die ungeheure Kraft des Suffolk kommt aus der tiefen Schulter, die ihn befähigt, sein ganzes Gewicht ins Kummet zu legen.« Alle Suffolks gehen in männlicher Linie auf einen 1760 geborenen Hengst zurück, und die Tatsache, daß alle Suffolks Füchse sind, ist ein Beweis für die Reinheit der Zucht.

Eine weitere Rasse, die aus der Nachfrage nach spezialisierten Zugpferden entstand, war der Cleveland Bay. Er entstand aus den stämmigen Packponys der reisenden Händler, die mit ihren Waren durch die Moorgegenden von Yorkshire zogen. Zuerst wurden die Ponys mit Kaltblütern gekreuzt, da zum Ziehen der plumpen Kutschen des achtzehnten Jahrhunderts mehr Kraft als Schnelligkeit benötigt wurde. Nachdem die Kutschen besser wurden, kreuzte man Vollblut ein und schuf damit ein schnelles, kräftiges Tier, das sowohl als Postkutschenpferd als auch für das private Beförderungswesen sehr gefragt war. Im Jahre 1884 wurde die erste Ausgabe des Cleveland Bay Stud Book veröffentlicht, und seit damals ist der Zucht kein fremdes Blut mehr zugeflossen. Der Cleveland Bay ist ein Vielzweckpferd für Sattel oder Geschirr, im Typ einem langrückigen Schwergewichtshunter ähnlich. Die Farbe ist natürlich braun (= bay) mit schwarzer Äpfelung. Abzeichen sind nur in Form eines kleinen weißen Sterns auf der Stirn erlaubt. Die Kreuzung mit Vollblut ergibt viele sehr gute Hunter.

In Amerika hat man seit dem siebzehnten Jahrhundert früher oder später Versuche mit so ziemlich allen europäischen und östlichen Rassen gemacht, von denen sich einige wie z. B. das Vollblut als amerikanische Zuchtzweige der ursprünglichen Linien etablieren konnten. Früher gab es auf den Ebenen des Westens noch den halbwilden

Quarter Horse. Das kleine, intelligente und kräftige Pferd, entstanden im 18. Jahrhundert im Osten Amerikas aus englischem und spanischem Blut, fand bald auch im Westen Verbreitung und galt als ideal für die Arbeit auf den Viehfarmen. Heute ist es ein in der ganzen Welt beliebtes Reitpferd.

Mustang spanischer Abkunft, den Indianer und Viehhirten gleichermaßen als Reittier verwendeten. Aus der Fülle des vorhandenen Pferdematerials hat man in Amerika einige Linien zusammengemischt und Spezialrassen wie das Quarter Horse, den amerikanischen Traber (Standard Bred), den Morgan, das American Saddle Horse und das Tennessee Walking Horse gezüchtet.

Das Quarter Horse entwickelte sich gegen Ende des achtzehnten Jahrhunderts in Virginia aus einer Kreuzung von Vollbluthengsten mit einheimischen Stuten spanischer Abstammung. Es entstand ein sehr vielseitiges, agiles Pferd im Typ eines Cob, das nach Beendigung der üblichen Farmarbeit noch eine beträchtliche Geschwindigkeit auf den improvisierten Viertelmeilen-Bahnen, die damals üblich waren, entfalten konnte und sich damit seinen ersten Titel als »The Famous and Celebrated Colonial Quarter Pather« verdiente. Seine Behendigkeit empfahl es als ideales Pferd für die Arbeit mit Rindern, und heute ist es das beliebteste Reitpferd in den Vereinigten Staaten.

Die Standard Bred, die es in Amerika in den Varianten des Trabers und des Paßgängers gibt, zeigen ebenso viel Herz und erreichen fast dieselbe Geschwindigkeit wie ihre Vollblutvorfahren im Galopp.
aus dem Jahre 1879, als die National Association of Trotting Horse
Sie werden vor dem Traberkarren gefahren, und ihr Name stammt
Breeders bestimmte, daß im Zuchtbuch nur solche Pferde aufgenommen werden durften, die eine Meile in einer bestimmten Zeit (heute zwei Minuten zwanzig Sekunden) zurücklegen konnten.

Der Morgan geht in männlicher Linie auf einen einzigen Hengst zurück, der nach seinem Besitzer Justin Morgan genannt wurde. Er wurde 1793 geboren und führte wahrscheinlich einen erheblichen Anteil Vollblut. Er war ein hartes kleines Pferd von etwa 1,50 m Größe und für diese Größe besaß er eine ganz außergewöhnliche Ausdauer, Kraft und Schnelligkeit. Er vererbte sich sehr durchschlagend und gab seinen Nachkommen seine guten Eigenschaften mit, so daß er zum Begründer einer erstaunlich nützlichen Gebrauchspferderasse wurde.

Das American Saddle Horse ist eine Mischung aus verschiedenen leichten Pferderassen einschließlich des Vollbluts und des Morgan. Manche Saddle Horses sind so ausgebildet, daß sie außer den natürlichen Gangarten Schritt, Trab und Galopp noch zwei künstliche Gangarten, den Slow-Gait, eine Art tänzelnden Schritt, und den Rack, dieselbe Bewegung im schnelleren Takt, ausführen. Das moderne Saddle Horse ist im wesentlichen ein elegantes Pferd für Show-Zwecke, aber ursprünglich wurde die Rasse in der sehr praktischen

Tennessee Walking Horse. Eine speziell für die Sicherheit und Bequemlichkeit des Reiters gezüchtete Rasse, zu deren Entstehung viele Rassen, darunter Vollblüter, Araber und Morgans, beigetragen haben.

Absicht geschaffen, ein besonders bequemes Reitpferd für weite Strecken zu züchten.

Das Tennessee Walking Horse oder Plantation Walking Horse wurde aus ähnlichem Material und ziemlich zum gleichen Zweck gezüchtet: man brauchte ein angenehmes Reitpferd für Menschen, die viele Stunden im Sattel verbringen mußten. Eine besondere Eigenheit dieser Rasse ist ein schneller, fast erschütterungsfreier Schritt, bei dem mit einem Minimum an Anstrengung und Ermüdung viel Boden gemacht wird.

Morgan. Eine hervorragende, vielseitig verwendbare Rasse mit englischer und spanischer Blutführung, die auf den Stammhengst Justin Morgan zurückgeht, der 1821 in Vermont, USA, starb.

SOWJETRUSSISCHE PFERDERASSEN

Vor gar nicht langer Zeit waren die eurasischen Steppen noch von Wildpferdeherden bevölkert, die dort in Freiheit lebten, wie es ihre Vorfahren jahrtausendelang getan hatten. Sehr vieles spricht dafür, daß dort die Urheimat des *Equus caballus* und auch der Ort ist, wo das Pferd zuerst in den Dienst des Menschen genommen wurde. Aber die Sowjetunion umfaßt einen beträchtlichen Teil der Erdoberfläche mit vielen verschiedenen Gegenden und einer Reihe sehr unterschiedlicher Klimazonen, von denen jede ihre eigene Flora und Fauna besitzt. Es erstaunt daher wenig, daß sich in einigen tausend Jahren der Domestikation über dreißig verschiedene Pferdetypen in der Sowjetunion entwickelt haben, die von ihrer Umwelt und den Bedürfnissen ihrer menschlichen Besitzer geprägt wurden.

In den Nadelwäldern des fernen Nordens, dicht am Polarkreis, sind z. B. die wollhaarigen, fettgepolsterten Pferde zu finden, die jahrhundertelang wesentlichen Anteil am Transportwesen und der Holzwirtschaft dieser schneereichen, bitterkalten Regionen hatten. Zweitausend Meilen weiter südlich, in den öden Wüsten und Hochflächen Zentralasiens sind die schmalen, dünnfelligen Renner zu Hause, auf deren Rücken die turkmenischen Krieger einst in Persien einfielen und die von den Chinesen wegen ihrer Überlegenheit und ihrer himmlischen Eigenschaften so sehr geschätzt wurden. Und auf den prärieartigen Steppen leben die harten, widerstandsfähigen Ponys, die Welle auf Welle der Nomadenvölker nach Europa und China trugen. Unbeabsichtigte Zufallskreuzungen der verschiedenen Rassen waren unvermeidlich. Es wurden jedoch auch gezielte Maßnahmen zur Verbesserung der einheimischen Rassen und zur Schaffung neuer Zuchtrichtungen ergriffen, z. B. durch die Einfuhr von Fremdblut.

Das typische Beispiel einer erfolgreichen Veredelungszucht mit importiertem Zuchtmaterial ist das Don-Pferd, eines der besten russischen Reitpferde. Ihre Vorfahren, die Pferde der Kosaken, die 1812 Napoleons Armee erbarmungslos zum Rückzug zwangen, waren zähe, häßliche Ponys, die sich hervorragend für diese Art Guerillakrieg eigneten, als normale Kavalleriepferde aber zu klein waren. In der zweiten Hälfte des neunzehnten Jahrhunderts wurden den Zuchtstutenherden am Don persische, arabische und Vollbluthengste zugeführt, die eine Weile mit den Herden lebten, bis die Nachkommen, verhältnismäßig große Tiere von etwa 1,65 m, eine sich dominant vererbende neue Rasse bildeten, in der sich die Körpergröße der fremden Hengste mit der Härte der einheimischen Mutterstuten verband. Wie in alten Zeiten leben die Vertreter der neuen, verbesserten Rasse auf den offenen Steppen im Don- und Wolga-Gebiet nach dem *Taboune* genannten System, d. h. einhundertzwanzig Stuten und etwa sechs Hengste bilden eine halbwilde Herde, wobei sich jeder Hengst seine eigene Herde oder *kossiacky* von etwa zwanzig Stuten erkämpft. Fruchtbarkeitsraten von ungefähr neunzig Prozent sollen bei diesen halbwilden Bedingungen, die bis zum Absetzen der Fohlen in gewissem Maße das Dasein einer echten Wildpferdherde imitieren, nicht ungewöhnlich sein. Mit zehn oder elf Monaten werden die Fohlen von der Herde getrennt und auf einen anderen Teil der Steppe gebracht, wo sie aufwachsen, bis sie alt genug sind, um ins Training genommen und gearbeitet zu werden.

Vom Don stammt auch eine andere Rasse, das Anglo-Donpferd bzw. der Budjonny. Das ursprüngliche Zuchtziel war, für militärische Zwecke ein noch größeres, noch schnelleres Pferd als das Don-Pferd zu schaffen, indem man der Rasse noch mehr Vollblut zuführte. Es ist interessant, daß das Kosakenkorps der deutschen Armee z. T. auf diesen schönen Pferden beritten war, als es sich 1945 in Österreich den britischen Streitkräften ergab. Heute nimmt der Anglo-Don mit Erfolg an Steeplechase-Rennen und anderen Geländeprüfungen teil.

Im Staatsgestüt von Streletzk in der ukrainischen Steppe wurde im neunzehnten Jahrhundert aus verschiedenen einheimischen Rassen und arabischen Hengsten eine weitere schöne Rasse, der Streletzker, gezüchtet. Diese Arabo-Russen ähnelten in Aussehen und Eigenschaf-

Don-Stute mit Fohlen. Aus dieser Rasse rekrutierten die Don-Kosaken ihre Pferde. Im 19. Jahrhundert wurde durch die Einkreuzung von arabischem und englischem Vollblut ein größeres und schnelleres Pferd angestrebt. Don-Pferde wachsen auf den Steppen um das Schwarze Meer noch heute in freilebenden Herden auf.

ten den Anglo-Arabern, aber bevor sie sich noch beweisen konnten, wurde die Zucht im Ersten Weltkrieg praktisch ausgelöscht. Diese oder doch zumindest eine sehr ähnliche Rasse wird heute in verschiedenen nordkaukasischen Gestüten als Tersk-Pferd neu gezüchtet. Das Tersk-Pferd sieht aus wie ein ziemlich robuster Araber. Vorherrschend ist eine helle Schimmelfarbe. Sie sind als Reitpferde sehr beliebt, und ihre Eleganz und Gutmütigkeit machen sie zu idealen Zirkuspferden.

Achal-Tekkiner. Eine alte turkmenische Pferderasse, die besonders wegen ihrer Schnelligkeit und Ausdauer geschätzt ist. Möglicherweise stammte der Byerley Turk von dieser Rasse ab.

Von Youatt (66) stammt folgende freundliche, jedoch kritische Bemerkung über die Pferde Zentralasiens:

Turkestan liegt im Süden der Tartarei, nordöstlich des Kaspischen Meeres, und war von altersher berühmt für seine reingezogenen, wertvollen Pferde, die man Turkmenen nennt. Für den heutigen Gebrauch sollen sie sogar den persischen Pferden überlegen sein. Sie sind groß, zwischen 1,60 m und 1,70 m, schnell und unermüdlich. Manche haben schon neunhundert Meilen in elf Tagen zurückgelegt. Sie sind jedoch etwas zu schmalbrüstig, zu langbeinig, gelegentlich hirschhalsig, und die Köpfe sind immer unverhältnismäßig groß. Sie besitzen aber so vorzügliche Eigenschaften, daß ein reingezogenes Exemplar selbst in seiner Heimat zwei- bis dreihundert Pfund wert ist.

Zwei wichtige heutige Rassen stammen von ihnen ab: der Achal-Tekkiner und der Jomud oder Yamud. Barminzew (6), der Direktor des Moskauer Forschungszentrums für Pferdezucht, bezeichnet den Achal-Tekkiner aus verschiedenen Gründen als einzigartig: wegen des Alters der Rasse und seiner Fähigkeit, selbst extreme Wüstenbedingungen zu ertragen, und wegen seiner besonderen Haltung. Da es in diesen Gebieten keine natürlichen Weideflächen gibt, lassen die Turkmenen sie nämlich nicht wie die Ponys frei auf der Steppe laufen, sondern halten sie angebunden und füttern sie mit einem leichten, aber nahrhaften Preßfutter aus Hammelfett, Gerste und Luzerne. In der Ruhe werden sie immer eingedeckt, damit der Metallschimmer ihres feinen, seidigen Fells, eine vielbewunderte Eigenheit der Rasse, erhalten bleibt.

Der eng verwandte Jomud ist kleiner und ähnelt im Gebäude dem Araber. Er wird zwar unter natürlicheren Bedingungen gehalten und aufgezogen als der Achal-Tekkiner, wird jedoch wie dieser darauf trainiert, Durst und all die anderen Mühseligkeiten eines Daseins in der Wüste zu ertragen. Vertreter beider Rassen nahmen einmal an einem Ritt von fast dreitausend Meilen, von Aschkabad nach Moskau, teil. 225 Kilometer führten durch die Karakum-Wüste, und obwohl die Pferde nicht mehr als ein paar Handvoll Wasser erhielten, legten sie die Strecke in drei Tagen ohne ersichtliche Schäden zurück.

Ein sehr interessanter Pferdetyp, der sich an die sehr verschiedenen Klimabedingungen des Ural angepaßt hat, ist der Baschkir. Die männlichen Exemplare dieser Rasse werden hauptsächlich als Reit- und Schlittenpferde verwendet; von Pferdeschlitten mit einer Baschkir-Troika wird eine durchschnittliche Tagesleistung von etwa 120 Kilometer erwartet. Die Stuten dagegen dienen hauptsächlich als Milchlieferanten. Sie geben über sechs Liter Milch am Tag, aus der durch Fermentierung das leicht alkoholische Getränk *kumiss* hergestellt wird. In vielen Teilen Rußlands dient das Pferd wie in alten Nomadenzeiten wirklich auch heute noch als Milch- und Fleischlieferant sowie für andere Bedürfnisse des Lebens und außerdem als Reit- und Zugtier. Die Kasachen-Pferde z. B. dienen zum Bewachen der Rinderherden auf den Steppen Kasachstans, aber diese kräftigen kleinen Tiere werden auch wegen ihrer Milch und ihres Fleisches für den menschlichen Verzehr geschätzt. Und im Norden ist das starke jakutische Pony mit dem rauhen Fell ein Allzwecktier, denn es läßt sich nicht nur reiten, bepacken und anschirren, es liefert auch Milch und Fleisch. Sein dickes Fell schützt es nicht nur vor der eisigen Winterkälte und der quälenden Insektenplage im Sommer, es liefert auch Haare und Wolle zum Weben.

Barminzew (6) schreibt:

Das jakutische Pony ist eine der erstaunlichsten Pferderassen der Welt. Zu seinem Gebiet, das bis weit über den Polarkreis hinausreicht, gehören einige der kältesten Gebiete der nördlichen Hemi-

Kasachisches Pony. Das genügsame Pony der kasachischen Steppe.

Mongolisches Pony. Dieser Ponytyp ist in den asiatischen Steppen und Hochländern weit verbreitet. Eine der primitivsten Formen des domestizierten Pferdes.

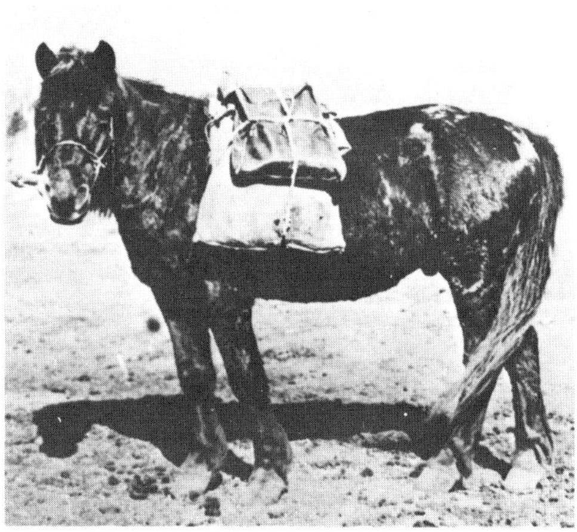

sphäre, in denen im Winter eine Durchschnittstemperatur von minus 40 bis 50⁰ Celsius herrscht. Seine Weidegründe sind die Grasflächen um Lena, Yan und Kal'na und die Sumpfgebiete der Taiga, und es kratzt nötigenfalls seine Nahrung auch unter tiefem Schnee hervor. Der kurze Sommer ist nicht weniger schwer zu ertragen, denn dann werden die Tiere von Myriaden blutsaugender Insekten angefallen.

Auch der Sport hat bei der Entwicklung der Rassen eine große Rolle gespielt. In Zentralasien verdanken der Karabaier von Samarkand und der Lokaier von Pamir einen Großteil der Sorgfalt und

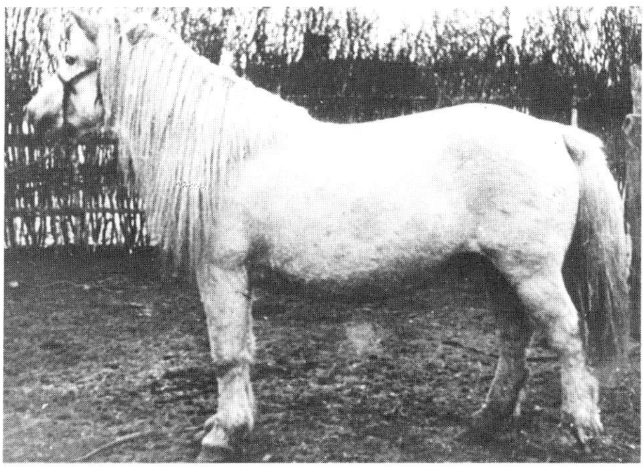

Jakutisches Pony. Ein Pferd, das gut an die eisige Kälte der russischen Arktis angepaßt ist. Es dient ebenso als Milch- und Fleischlieferant wie als Reit- und Zugtier.

Gründlichkeit, mit der an der Verbesserung ihrer Schnelligkeit, ihres Mutes und ihrer Behendigkeit gearbeitet wurde, der Begeisterung der Bevölkerung für das harte und gefährliche Spiel des *Kok-par*. Dabei kämpfen gegnerische Parteien von Berittenen um den Besitz einer toten Ziege, die dann im Triumph durch ein Ziel getragen werden muß. In Usbekistan sind gute *Kok-par*-Pferde fast so teuer wie gute Polo-Ponys bei uns.

Die beliebteste Sportart bei den Russen war jedoch schnelles Trabrennen. Hayes (28), der sich gegen Ende des neunzehnten Jahrhunderts im Dienst des russischen Kriegsministers der Berittmachung des russischen Heeres widmete, sagt von den wohlhabenderen Russen, daß sie selbst über das rauheste Pflaster am liebsten so schnell fuhren, wie ihre Kutscher nur fahren konnten. Er fährt fort:

Die russische Öffentlichkeit begeistert sich besonders für Zweispänner-Trabrennen. In St. Petersburg versammeln sich jeden Sonntag und bei anderen Gelegenheiten im Winter riesige Menschenmassen auf den Tribünen der berühmten Trabrennbahn auf dem Semenovski-Platz, um sich die dort abgehaltenen Rennen anzusehen. Manche dieser Zweigespanne sind auch für europäische Verhältnisse sehr schnell und laufen die Meile unter zwei Minuten zwanzig Sekunden. Die russischen Trabrennfahrer sind sehr eifersüchtig auf die amerikanischen Berufsfahrer, die sich bei ihnen niedergelassen haben und bei diesem Spiel nicht schlecht verdienen. Die Amerikaner haben sich damit sehr große Verdienste erworben. Fast alle Pferde, die an diesen Rennen teilnehmen, sind in Rußland gezogen und weisen mehr oder weniger eine Mischung von englischem und amerikanischem Blut auf.

Die Schaffung einer ausgesprochenen russischen Wagenpferderasse geht auf das neunzehnte Jahrhundert zurück, als die Landwirtschaft begann, einen größeren Raum einzunehmen, und verbesserte Methoden der Bodenbearbeitung eingeführt wurden. Dadurch entstand ohne Zweifel ein Bedarf für einen größeren und aktiveren Typ von landwirtschaftlichem Nutzpferd. Zu dieser Zeit wurde auch das ferne, leere Land Sibirien kolonialisiert und urbar gemacht, und für einen intelligenten Menschen wie den Grafen Alexei Orlow war es offensichtlich, daß zur Aufrechterhaltung der Verbindung mit einem

Stammvater der Orlow-Rasse, der arabische Schimmelhengst Smetanka.

derartig weiten Land schnelle, kräftige Pferde benötigt wurden. Er war der fähigste der außergewöhnlichen Orlow-Brüder, die ihren Souverän Peter III. zugunsten seiner Gemahlin Katharina, der nachmaligen Katharina der Großen, absetzten. Viele Jahre nahmen die Brüder bei Hofe eine bevorzugte Stellung ein, die dadurch gestärkt wurde, daß die Kaiserin den ältesten Bruder Gregor zu ihrem offiziellen Liebhaber und maßgeblichen Berater machte. Dieser glückliche Zustand fand ein Ende, als Katharina dem Prinzen Potekim ihre Huld und ihr Vertrauen schenkte. Alexei war ein gewalttätiger Mensch: wahrscheinlich hatte er am Mord Peter III. persönlichen Anteil gehabt, und er rächte nun die Familienehre durch eine gehörige Tracht Prügel für Prinz Potekim, die diesen ein Auge kostete. Danach zog er sich vom Hof zurück und verbrachte die nächsten fünfunddreißig Jahre damit, auf seinem riesigen Besitz im Süden Moskaus Pferde zu züchten, und zwar mit dem Ziel, ein schnelles Vielzweck-Wagenpferd zu züchten. Das Resultat war der Orlow-Traber.

Der Stammvater der Orlow-Rasse war der arabische Schimmelhengst Smetanka, der 1775 aus Griechenland eingeführt und mit holländischen Wagenpferden gekreuzt wurde. Dieser arabisch-holländischen Mischung fügte er dänisches, persisches und anderes Blut zu, bis sich ein einigermaßen gleichbleibender Typus entwickelte – schnell genug für Wagen, Troikas und Rennschlitten und mit genügend Substanz zur Erfüllung alltäglicherer Aufgaben. Typisch für den Grafen war, daß er zeit seines Lebens keines seiner Zuchtpferde hergab. Er starb 1808 und vermachte sein Gestüt, fünf Millionen Rubel und dreißigtausend Leibeigene seiner Tochter, die sein Vermächtnis bis 1845 fortführte. Dann verkaufte sie das Gestüt an die Regierung und ließ zu, daß Orlow-Hengste und Orlow-Zuchtstuten auf andere Gestüte im ganzen Land verteilt wurden. Es entstand eine der berühmtesten Pferderassen Rußlands.

Aus dem Orlow-Traber entwickelte sich u. a. der Russische Traber; der Orlow-Linie wurde das Blut von amerikanischen Trabern und Vollblütern zugeführt. Das schwere russische Zugpferd entstammt einer Mischung aus Orlow-Blut, einheimischen Wagenpferden, Percherons und Ardennern. Und der Torisker bzw. das Torgelsche Pferd von Estland, genannt nach dem Gestüt Torgel, entstand

Orlow-Traber. Ein schnelles, starkes, vielseitiges Wagenpferd, im 18. Jahrhundert in Rußland aus Kreuzungen von Arabern mit holländischen Pferden entwickelt.

hauptsächlich aus einer Kreuzung von einheimischen estischen Pferden und dem Norfolk Trotter (einer heute nicht mehr existierenden englischen Traberrasse) mit einem Schuß Orlow-Blut, was ein lebhaftes, mittelschweres Pferd ergab, das in der Landwirtschaft und auf den Straßen gute Dienste leistete.

Insgesamt gesehen sind die mittelgroßen Pferde für die landwirtschaftlichen Bedingungen in Rußland besser geeignet als die schweren Kaltblutschläge Europas, die für praktische Verwendungszwecke als zu groß und zu kostspielig im Unterhalt angesehen werden und sich selten ausreichend an die harten Lebensbedingungen im Winter anpassen können. Eine sehr beliebte schwere Zugpferderasse hat sich jedoch entwickelt, das Wladimirer Kaltblut. Dieser schwere Kaltblüter wurde aus einheimischen Wagenpferden und Shire- und Clydesdale-Hengsten gezüchtet. Er sieht wie eine etwas kleinere Ausgabe seiner englischen Ahnen aus, ist jedoch ebenfalls sehr stark und vereint Wendigkeit mit enormer Zugkraft.

DAS SOZIALVERHALTEN

Kulturvölker sehen das Pferd gern als Einzelwesen und halten es auch sehr oft in Boxen und Ställen ohne Kontakt zu seinen Artgenossen. Obwohl seit Jahrhunderten so gehalten, hat das Pferd die Herdennatur seiner wilden Vorfahren noch nicht verloren, und wenn sich die Gelegenheit ergibt, kehren alle Pferde schnell wieder zu dem Herdendasein zurück, dessen sich die Art früher auf den Steppen und Ebenen Europas und Asiens erfreute. An diese angeborene Verbindung zur Vergangenheit werden wir immer wieder durch sein Verhalten erinnert: seine ruhige Zufriedenheit in der Gesellschaft anderer Pferde und seine geräuschvolle Nervosität, wenn es von den vertrauten Gefährten getrennt ist; das »Kleben« von Schulpferden, die gewöhnt sind, immer zu mehreren zu sein, und sich oft nur auf nachdrückliche Aufforderung des Reiters hin damit abfinden, auch einmal allein zu gehen; die Art, wie ein junges, nervöses Pferd der Führung eines älteren Tieres auch über ein Hindernis folgt, das vorher unbezwinglich erschien. Pferde sind ganz allgemein nicht gern allein, und vielleicht sind viele der ziellosen, selbstzerstörerischen Gewohnheiten, die man Stalluntugenden nennt — Weben und Koppen z. B. — nur die Antwort auf den Streß und die Frustration, die die Einzelhaltung für Tiere bedeutet, die unter natürlichen Bedingungen selten die Sichtverbindung mit den anderen Herdenmitgliedern verlieren und in einer Umgebung lebten, in der sie ihren sozialen Instinkten ungehindert folgen konnten.

Es gibt nur sehr wenige Augenzeugenberichte über das Verhalten von Wildpferdeherden, und diese sind außerdem nicht sehr ausführlich, aber wenn man die älteren Beschreibungen und die neueren Beobachtungen von Mustangs und anderen halbwilden Pferden zusammennimmt, sieht es doch so aus, als hätte das alte Verhaltensmuster, das der Herdenbildung der Wildpferde zugrunde lag, viel mit der Art und Weise gemein, wie Berg- und Steppenzebras noch heute leben. Zum Glück ist diese Tierart in Afrika noch zahlreich vertreten, besonders die Steppenvariante, die Burchell-Zebras, und Klingel (32) hat sie zum Gegenstand sehr detaillierter Studien gemacht.

Die typische Herde besteht bei den Steppenzebras aus einem Hengst und ein bis sechs Stuten samt ihren Fohlen, den Jährlingen und einigen wenigen älteren Nachkommen. Selten besteht eine Gruppe aus mehr als sechzehn Tieren, und wenn größere Herden doch einmal zu sehen sind, sind sie dadurch entstanden, daß besonders günstige Weidebedingungen zahlreiche Familien zusammengebracht haben oder die Familien sich auf einer ihrer jahreszeitlich bedingten Wanderungen zu besseren Weiden befinden. Dann können sich Tausende von Tieren zusammenfinden. Sobald sich die Bedingungen aber wieder ändern, treiben die Familien wieder auseinander.

Jede Herde hat eine Rangordnung; es ist genau geregelt, welches Tier von welchem anderen den Vortritt hat, und alle Herdenmitglieder kennen ihren Platz in dieser Hierarchie und erkennen einander am Streifenmuster, am Geruch und an der Stimme. Dadurch werden aggressives Verhalten und Kämpfe innerhalb der Familie auf ein Minimum begrenzt. Der Hengst hat den Vortritt beim Futter und an der Wasserstelle und bestimmt auch bei den meisten Gelegenheiten, was getan wird. Dann folgen die Stuten nach Alter, Größe und Durchsetzungsvermögen, und dann die Jungen. Auf der Wanderschaft führt gewöhnlich die älteste Stute die Herde an, während der Hengst die Nachhut bildet, Nachzügler antreibt oder auch einmal seitlich von der Herde läuft. Zu anderen Zeiten, und zwar besonders während der Paarungszeit, umkreist der Hengst seine Herde ständig, hält sie zusammen, fordert mögliche Rivalen heraus und verjagt sie. Eigentlich bilden die Stuten und ihre Nachkommen von sich aus eine natürliche Einheit, die auch erhalten bleibt, wenn der Hengst nicht da ist. Wenn der Hengst stirbt oder die Herde aus irgendeinem Grund verläßt, lebt die Familie ganz normal und unverändert weiter, bis sich schließlich ein anderer Hengst die Herde zu eigen macht. Er wird anscheinend von Stuten und Jungen gleichermaßen völlig selbstverständlich in die Familie aufgenommen; die Rangordnung ändert sich nicht im geringsten.

Die Junghengste verlassen die Familiengruppen im Alter von ein bis drei Jahren, und zwar nicht, weil sie etwa vom Hengst vertrieben würden; sie stehen normalerweise auf freundschaftlichem Fuße mit ihm. Der Grund scheint mehr in einem Bedürfnis nach Spiel und Geselligkeit mit Gleichaltrigen zu liegen. Sie bilden Junggesellenherden von bis zu fünfzehn Mitgliedern, eine lose Verbindung von Einzelwesen, unter denen es keine ausgeprägte Rangordnung zu geben scheint. Solch eine Junggesellenherde ist eine recht stabile Organisation, obwohl natürlich immer wieder einzelne Jungtiere ausscheiden, um mit irgendwelchen Zebrastuten, deren sie habhaft werden können, eine eigene Familie zu gründen.

Die junge Zebrastute verläßt ihre Familiengruppe noch viel früher als ihre Brüder, oft schon mit fünfzehn Monaten, wenn sie zum erstenmal paarungsbereit ist. Während dieser ersten Geschlechtsreife wird sie selten tragend, aber die Anzeichen sind sehr ausgeprägt und üben auf die umherstreifenden jungen Hengste, die Mitglieder der Junggesellenherde, eine unwiderstehliche Anziehungskraft aus. Meist sind es zuviele, als daß der Familienhengst sie vertreiben könnte, obwohl er sich in seinem Bemühen, sie zu verjagen, oft vollständig verausgabt, weil es nicht zu wirklichen Kämpfen kommt. Zum Schluß gelingt es einem von vielleicht einem Dutzend hartnäckigen Verehrern, die junge Zebrastute zu entführen und von ihrer Familie wegzutreiben. Die Bindung zwischen der Stute und ihrem ersten Verführer ist selten von Dauer: ungefähr ein Jahr lang lebt sie mit verschiedenen Hengsten oder Familiengruppen zusammen, bis sie schließlich ausgewachsen ist und bei dem Hengst bleibt, mit dem sie zu dieser Zeit gerade zusammen ist. Wenn er schon eine Herde besitzt, wird sie ein Teil seines Harems, und wenn er Junggeselle ist, wird sie zum Grundstock einer neuen Herde.

Es ist nicht leicht, dieses Herdenverhaltensmuster mit dem der halbwilden Pferde in Amerika, Europa und Australien zu vergleichen, weil es kaum noch wilde Herden gibt, die nicht in unterschiedlichem Maße menschlichen Einflüssen ausgesetzt sind. Sie werden gejagt, zusammengetrieben, minderwertige Exemplare werden ausgesondert — das alles bleibt nicht ohne Einfluß auf die Zusammensetzung der Herde und ihre Lebensweise. Wenn Pferde aber einige Generationen lang in voller Freiheit leben können, nehmen sie tatsächlich dieselbe soziale Organisation der Familie und der Junggesellengruppen an, die wir von den Berg- und Steppenzebras kennen, vielleicht das grundsätzliche Verhaltensmuster der *Equus*-Art. Als Beispiel kann die Gruppenbildung halbwilder Pferde auf Sable Island im Nordatlantik dienen.

Wie es scheint, wurden im frühen achtzehnten Jahrhundert Pferde von Massachusetts aus auf diese verlassene kleine Insel gebracht. Crew und Buchanan Smith (14) zitieren lokale Berichte, denen zufolge es 1864 etwa 400 verwilderte Ponys auf der Insel gegeben hat. Sie waren in verschiedenen Herden organisiert, die alle ihr eigenes Weidegebiet hatten. Die Tiere wurden als ganze Wildlinge beschrieben. Die Hengste waren angriffslustig und schliefen im Stehen; nur selten ließen sie in ihrer Bewacher- und Beschützertätigkeit nach. Mit ihren schweren, wolligen Köpfen und ihrem dicken Fell sollen sie nach Größe und Aussehen dem Tarpan ähnlich gewesen sein, und die Autoren folgerten, daß die sehr harte Umwelt im Verlauf von anderthalb Jahrhunderten die Form dieser Tiere so geprägt hat, daß sie ihren entfernten Vorfahren ähnlich wurden. Aus einem Bericht von 1967 zitiert S. J. Tyler (62), daß diese Pferde, die keinerlei Berührung mit Menschen haben, in Gruppen leben, die aus einem Hengst, einer kleinen Anzahl von Stuten und deren Nachwuchs bestehen, einer Organisation die viele Parallelen — einschließlich der Bildung von Junggesellengruppen durch die überzähligen männlichen Tiere — mit der der Steppenzebras aufweist.

Bei einer genauen Untersuchung des Verhaltens der halbwilden Ponys im New Forest stellte Frau Tyler (62) Modifikationen dieses Sozialverhaltens fest. Der New Forest, ein ehemaliges königliches Jagdreservat im Süden Englands, erstreckt sich über 144 Quadratmeilen Heide, Wald und Sumpf und ist die Heimat von etwa 2500 Ponys. Die Stuten bleiben zum größten Teil bis an ihr Lebensende im New Forest. Sie suchen sich allein ihr Futter, paaren sich, fohlen ab und ziehen ihre Jungen auf, bis sie wieder abgesetzt werden — alles fast ohne Einflußnahme von seiten des Menschen, der sich darauf beschränkt, überalterte und kranke Tiere auszusortieren, junge Pferde zum Verkauf herauszufangen und darauf zu achten, daß sich nur ausgewählte Hengste im Forest fortpflanzen. Einmal im Jahr werden die Pferde zusammengetrieben und die Fohlen herausgefangen und gebrannt; die meisten Stutfohlen und einige gute Hengstfohlen, die man für zuchtgeeignet hält, werden wieder freigelassen. Insgesamt halten sich etwa 120 geprüfte Hengste im Forest auf, offensichtlich nur ein Bruchteil der Anzahl von ausgewachsenen männlichen Tieren, die unter natürlichen Bedingungen vorhanden wären.

Die Knappheit an männlichen Tieren hat verschiedene Auswirkungen auf die soziale Organisation der Forest-Ponys. So bestehen viele der Familiengruppen nur aus Stuten und ihren Nachkommen, und die Hengste stehen jeweils mehreren Gruppen zu Diensten, wobei sie sich oft eine bestimmte Gruppe als eine Art Basis auswählen und dort fressen und schlafen. Es gibt auch keine Junggesellengruppen, und daher stehen die jungen Stuten weniger unter Zwang, die starken Vaterbindungen zu einem frühen Zeitpunkt abzubrechen. Manche Forest-Stuten bleiben bis zu vier Jahren bei ihren Müttern, und wenn sie ihre Familie schließlich verlassen, schließen sie sich meist erst einige Zeit einer Stutenherde nach der anderen an, ein Gegensatz zu der heterosexuellen Art, mit der die Zebras ins Erwachsenenleben eintreten.

Es ist unter Pferdeleuten allgemein bekannt, daß Pferde einen guten Orientierungssinn haben, der sie aus beträchtlicher Entfernung in den Stall zurückführen kann. S. J. Tyler stellte bei den Forest-Ponys mehrfach dieses Heimfindevermögen fest, und sie berichtet von Ponys, die, z. T. im motorisierten Transporter, aus dem Forest weggebracht wurden und innerhalb von zwei oder drei Tagen aus einer Entfernung von etwa zwanzig Kilometern in ihr altes Gebiet zurückfanden. Nach Hafez (25) ist für die Erkennung des eigenen Gebiets hauptsächlich der Geruchssinn verantwortlich, d. h. der Geruch der Exkremente. Wie er sagt, ließ sich bei Versuchen, die der Klärung der für das Heimfindevermögen entscheidenden Faktoren dienen sollten, bei ungeführten Pferden in fremder Umgebung eine starke Tendenz feststellen, gegen den Wind zu gehen. Wenn der Wind aus der Heimatrichtung blies, trat das Heimfindevermögen viel klarer zutage als an anderen Tagen.

Normalerweise verlassen Tiere ihr Gebiet nicht, solange sie dort alles finden, was sie zum Leben brauchen: Futter, Wasser, Schutz gegen Wind und Sturm und im Sommer gegen Sonne und die Insektenplage sowie das Gefühl der Sicherheit, das ihnen das Leben in vertrauter Umgebung innerhalb einer Familiengruppe gibt. Die Gebiete verschiedener Gruppen überschneiden sich zwanglos, Weide- und Ruheplätze werden friedlich geteilt, und es gibt keine Anzeichen für ein abgestecktes Territorium, das eine Gruppe gegen jeden Eindringling verteidigen würde.

Die einzige Equiden-Art mit einem ausgeprägten Territorialverhalten ist das Grévy-Zebra, im wesentlichen eine Wüstenart. Der Grévy-Zebrahengst markiert während der Paarungszeit mit seinem Kot und seinem Urin ein Gebiet und treibt seine Stuten dort hinein. Männliche Rivalen werden heftig angegriffen und aus dem Gebiet vertrieben. Das ganze übrige Jahr leben männliche und weibliche Tiere überwiegend getrennt voneinander.

Nach Antonius (4) leben auch beim afrikanischen Wildesel die Geschlechter den größten Teil des Jahres getrennt. Vielleicht ist diese Entfremdung daran schuld, daß Hengst und Stute sich äußerst feindselig gegenüberstehen, wenn sie sich in der Paarungszeit zum erstenmal begegnen, und sich sogar heftig bekämpfen. Rivalitätskämpfe zwischen den Eselhengsten finden kaum statt; sie brauchen ihre ganzen Energien, um ihre Stuten im Zaum zu halten, so daß ihnen für weniger wichtige Aktivitäten weder Zeit noch Kraft bleibt. Vermutlich ist das Kämpfen ein wichtiger Teil der Werbung des Wildesels, und die Stute muß gejagt, gebissen und geschlagen werden, bevor sie ganz aufnahmebereit für den Hengst ist. Von diesem Gedanken ausgehend kommt Antonius zu der Überlegung, ob hier vielleicht die Erklärung dafür zu suchen ist, warum sich Eselhengst und Pferdestute leichter kreuzen lassen als Pferdehengst und Eselstute: es könnte sein, meint er, daß für den Eselhengst die Pferdestute nur ein besonders willfähriges Weibchen ist, während die Eselstute erst den Kampf braucht, um in sexuelle Erregung zu geraten, und die normalen, friedlichen Dienste des Pferdehengstes nicht annehmen kann. Dazu muß aber gesagt werden, daß die domestizierten Eselstuten in England gewöhnlich ganz gut ohne dieses schmerzhafte Vorspiel auskommen; nur wenn weibliche Equiden nicht voll paarungsbereit sind, werden sie sich männlichen Annäherungsversuchen natürlich heftig widersetzen. Schwierigkeiten bei der Kreuzung von Pferd und Esel sind mit größter Wahrscheinlichkeit auf falsche Wahl des Zeitpunktes und mangelnde Überlegung, wie sich die mögliche natürliche Aversion einer Spezies gegen eine andere auf vernünftige Art überwinden läßt, zurückzuführen.

Männliche Equiden besitzen einen starken Herdeninstinkt ihren Stuten gegenüber; sie treiben sie zusammen und verteidigen sie gegen Rivalen. Bei den meisten Equiden ist der Besitzinstinkt des Hengstes auf seine Herde gerichtet, die er verteidigt wo immer sie sich auch befindet, während der Grévy-Zebrahengst dies nur innerhalb seines markierten Gebietes tut. Bei den echten Pferden bleiben Hengste und Stuten unter natürlichen Bedingungen das ganze Jahr zusammen. Wenn aber wie im New Forest die männlichen Tiere knapp sind, lösen sich die Harems der einzelnen Hengste gegen Ende der Paarungszeit auf, und es bilden sich die schon beschriebenen individuellen Familiengruppen von Stuten mit ihren Nachkommen.

Da die Tragezeit der Equiden von elf Monaten beim Pferd bis zu etwas über einem Jahr bei anderen Spezies betragen kann, müssen sich Paarungs- und Abfohlzeit zwangsläufig überschneiden. Das ist im Frühjahr und im Sommer der Fall, wenn die Tage länger werden. Die Regel sind Einzelgeburten, da in der Gebärmutter eines Equiden selten zwei Föten Platz zum Leben haben. Wenn doch einmal Zwillinge geboren werden, sind sie oft klein und schwächlich. Die Geburt verläuft im allgemeinen schnell und ohne Komplikationen, und das Fohlen steht schon nach etwa einer Stunde auf den Füßen und beginnt zu saugen.

Unmittelbar nach der Geburt, wenn das Pferdefohlen noch naß vom Fruchtwasser und zu schwach zum Stehen ist, wird es von der Mutter kräftig beleckt. Sie leckt das Neugeborene nicht nur trocken, durch das Lecken wird auch eine feste mütterliche Bindung an das Fohlen bewirkt. Von nun an kennt die Mutter — wahrscheinlich hauptsächlich am Geruch — ihr Fohlen und läßt kein anderes Fohlen bei sich trinken oder auch nur in ihre Nähe kommen. S. J. Tyler (62) beobachtete, daß die Forest-Ponyfohlen, sobald sie stehen konnten, an ihrem ersten Lebenstag jedem größeren Gegenstand folgten, der sich bewegte – ob das nun ihre Mutter, eine andere Stute, ein Mensch oder sogar ein Auto war, wie es einmal geschah. Sie berichtet auch von einem Fohlen, das eine ausgeprägte Vorliebe für einen bestimmten Baum hatte und sich sogar weigerte, seiner Mutter zu folgen, als sie weiterzog. Im New Forest kommt es anscheinend ab und zu vor, daß Fohlen bei einem Baum zu trinken versuchen und keinerlei Notiz von ihrer Mutter nehmen, bis diese sie schließlich verläßt. Die van Lawick-Goodalls (63) haben ähnliches bei einem Zebrafohlen beobachtet. Das sind nur Anekdoten, aber bei anderen Säugetieren ist die Prägung, eine schnelle Form des Lernens zu sehr früher Zeit, mit Sicherheit nachgewiesen. Von Harrison Matthews (27) stammt die amüsante Beobachtung, daß das Kinderlied »Mary and her little lamb« dieses Phänomen genau beschreibt. Das Lamm, das überall hingeht, wo Mary hingeht, ist ein typisches Beispiel für Fehlprägung, einen Vorgang, mit dem sich die Jungen vieler wilder Tiere zähmen und an die Gefangenschaft gewöhnen lassen. Eine Zucht ist mit diesen Tieren aber kaum möglich, weil sie sich derartig mit dem Menschen identifiziert haben, daß ihre eigene Art keinerlei soziale Bedeutung mehr für sie hat.

Nicht alle Fohlen, die nicht richtig saugen, sind das Opfer einer Fehlprägung; ihr Gehirn kann auch beim Geburtsvorgang durch irgendeinen Zwischenfall geschädigt worden sein, so daß sie nicht mehr zu normalen Reaktionen fähig sind. Manche Fohlen haben keinen Saugreflex und können ihre Mütter nicht erkennen. Glendinning und Williams (23 und 65) haben aber bewiesen, daß auch verwaiste und isoliert von Hand aufgezogene Fohlen zu abnormem Verhalten neigen. Das von Hand aufgezogene Fohlen nimmt seine menschliche Pflegeperson als Mutter an und kann andere Pferde nicht verstehen und nicht zu ihnen in Beziehung treten. Da ihnen der Sinn für die Wirklichkeit fehlt, sind sie später oft schwer zu trainieren. Andererseits bleiben Tiere, die nicht schon früh Gelegenheit hatten, sich an den Menschen zu gewöhnen, oft scheu und wild. Von Geburt an an Menschen gewöhnte Pferde sind gewöhnlich leicht zu erziehen, wenn sie auch normalen sozialen Kontakt mit Artgenossen hatten. Dagegen ist die Erziehung von Tieren, die in Freiheit aufgewachsen sind, oft ein gewaltsamer und ziemlich wirkungsloser Versuch, ihren Widerstand gegen die Disziplin zu brechen. Offensichtlich werden am ehesten solche Tiere zahm, die so früh wie möglich auf eine ruhige und unaufdringliche Art an den Menschen gewöhnt wurden, ohne daß sie deshalb von ihren Artgenossen getrennt worden wären. Verwaiste Fohlen sollten andere Pferde zur Gesellschaft haben. Wo dies nicht möglich ist, kann auch ein Schaf, eine Ziege, ein Kalb oder ein Esel als Ersatz dienen. S. A. Glendinning schreibt, daß bei verschiedenen Gelegenheiten zwei junge Yaks und ein junges Lama den gleichen Zweck erfüllten, vielleicht nur, weil sie verhinderten, daß das Pferdefohlen sich langweilte, und weil sie ihm beim Fressen Konkurrenz machten. Ähnlich kann man auch einem einzeln gehaltenen ausgewachsenen Pferd eine Ziege zur Gesellschaft geben. Oft steckt dahinter der Aberglaube, daß ihr Beispiel den Gefährten bei einem Stallbrand vor einer Panik bewahren könnte. Bei einer Zuchtstute soll die beruhigende Gegenwart der Ziege auch eine Fehlgeburt verhindern helfen.

Fohlen knabbern schon in den ersten Lebenstagen an Gras, aber vieles deutet darauf hin, daß sie das Grasen erst richtig dadurch lernen, daß sie die Bewegungen der Muttertiere nachahmen. Auch die anderen charakteristischen Verhaltensmuster der Pferde entwickeln sich auf diese Weise: das Wälzen, Stampfen, Kratzen und das sich Schütteln, die gegenseitige Fellpflege, das Beknabbern von Mähne und anderen Körperteilen, das zuerst zwischen Mutter und Fohlen stattfindet und dann als gesellige soziale Gewohnheit das ganze Leben hindurch mit besonderen Partnern gepflegt wird. In der ersten Lebenswoche trinkt das Fohlen etwa viermal in der Stunde bei der Mutter und dann immer weniger, bis es im Alter von etwa einem Jahr, kurz bevor die Mutter erneut abfohlt, ganz damit aufhört.

Solange das Fohlen bei der Mutter saugt, steht sein Verhalten auch in Beziehung zur übrigen Herde. In der ersten Zeit hält sich die Mutter immer in der Nähe, droht jedem, auch einem Menschen, der sich zu nahe heranwagt, und verhindert, daß sich das Fohlen in seiner Neugier anderen Stuten oder Hengsten nähert. Diese sind selten aggressiv gegenüber Fohlen, aber gelegentlich geht eine besonders dominierende Stute einmal wütend zum Angriff über, und während der Paarungszeit ist es schon vorgekommen, daß junge Fohlen von Hengsten schwer verletzt und getötet wurden. Kaum einen Monat alt entfernt sich das Fohlen schon für längere Zeit von der Seite der Mutter; es galoppiert herum und treibt mit den anderen Fohlen seines Alters Fohlenspiele und Fellpflege. Wenn dann die Spiele der Hengstfohlen rauher werden und in Scheinkämpfe übergehen, trennen sich Hengst- und Stutfohlen mehr, es kann aber auch zu vorzeitigem Sexualverhalten kommen, indem sie einander besteigen.

Fohlen genießen das Spielen ganz offensichtlich, sie toben aber damit nicht nur ihren Übermut aus, sondern üben mit ihren Kameraden auch das Verhalten und die Fähigkeiten, die für sie lebenswichtig sind, und lernen die Verständigungsmittel anwenden, die das Dasein ihrer Spezies regeln. Im Idealfall verstärken und ergänzen diese spielerischen Erfahrungen diejenigen, die ihnen die Fürsorge und das Beispiel der Mutter vermitteln. Wie schon erwähnt kann das Spiel mit anderen Jungtieren bei verwaisten Fohlen bis zu einem gewissen Grad den Kontakt mit der Mutter ersetzen. Ewer (19) zitiert Beobachtungen an Hunden und Rhesusaffen, die den Schluß nahelegen, daß ein Tier, das in der Jugend keinerlei Kontakt zu seiner eigenen Art hatte, ausgewachsen zu einem asozialen Neurotiker wird, einer Art Verhaltenskrüppel, dessen soziale Reaktionen auf Artgenossen verkümmert oder überhaupt nicht vorhanden sind.

Von den verschiedenen Lautäußerungen der Equidenarten war in den vorigen Kapiteln bereits die Rede. Anscheinend unterscheiden sich die jeweiligen Rufe sehr voneinander, und besonders Mütter und Fohlen können sich an der Stimme erkennen und geben einander Antwort. Manche Laute haben eine mehr allgemeine Wirkung, ein lautes Wiehern z. B. kann die ganze Herde aufscheuchen und sie in Alarmbereitschaft versetzen oder zur Flucht bewegen. Andere wie das Schnarchen kämpfender Hengste oder das Quietschen rossiger Stuten scheinen entweder eine Drohung oder Emotionen auszudrükken. Was die Verständigung zwischen einzelnen Tieren anbetrifft, scheint visuellen Zeichen aber größere Bedeutung zuzukommen als den akustischen.

Pferde nehmen leichte Muskelbewegungen und Änderungen in der

Haltung ihrer Gefährten sofort wahr und teilen viele ihrer Gefühle möglicherweise auf diese unterschwellige Art mit. Das menschliche Auge unterscheidet fünf Ausdrucksmöglichkeiten des Gesichts für verschiedene Gelegenheiten. Bevor ein Pferd zum Angriff übergeht, legt es die Ohren zurück, öffnet vielleicht noch leicht die Lippen und schnappt dann schnell nach dem Gegner, den es aber oft verfehlt, entweder absichtlich oder weil dieser — vorgewarnt — rechtzeitig ausgewichen ist. Hengste setzen dieses Drohgesicht auf, wenn sie ihre Stuten treiben, und die einschüchternde Wirkung wird noch dadurch verstärkt, daß sie den Kopf senken und drohend hin- und herschwenken. Wenn ein Pferd auszuschlagen droht, legt es ebenfalls die Ohren an, schlägt aber oft noch mit dem Schweif und hebt einen Hinterfuß an. Dann gibt es noch das Grußgesicht mit gespitzten Ohren und

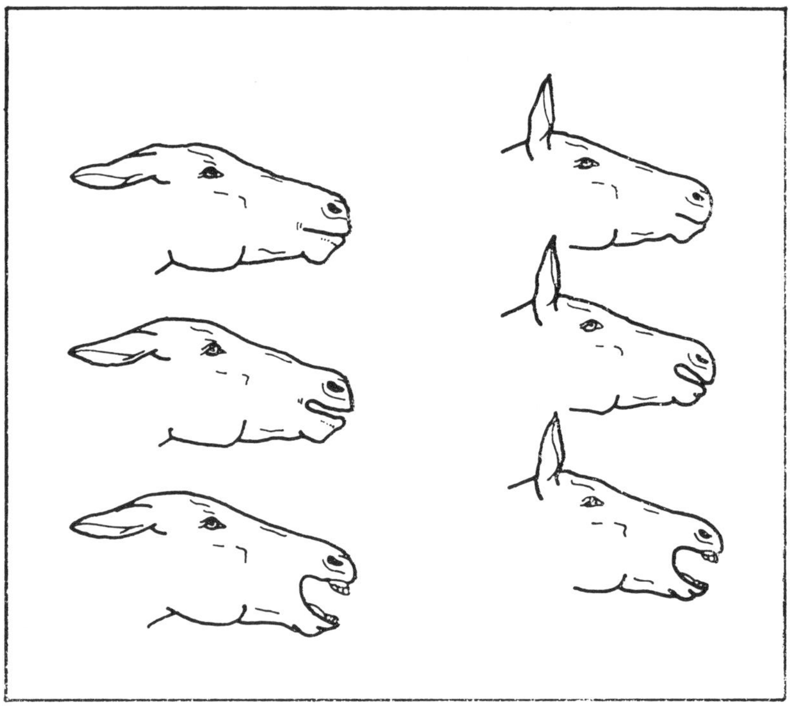

Abb. 7 Mienenspiel des Pferdes: links Drohung und rechts Begrüßung (nach Ewer).

leicht entspannten Lippen bei einer freundschaftlichen Begegnung, bei der dann Gesicht und Körper berochen und berührt werden, was in gegenseitiger Fellpflege enden kann. Fohlen fordern ältere Tiere mit einer Art Kau- und Schnappbewegung der Kiefern zur Fellpflege auf; das Aufeinanderschlagen der Kiefer ist gewöhnlich als Demutsgeste gemeint, bewahrt aber im Falle einer schlechtgelaunten, durch die Geste nicht befriedeten Stute das Fohlen nicht unbedingt vor Strafe. Nach einer Ruhepause oder einem angenehmen Erlebnis sieht man Pferde oft gähnen. Schließlich gibt es noch das Flehmen: die Oberlippe wird hochgezogen, als ob – wie es einmal sehr passend beschrieben wurde – das Pferd sorgfältig einen Geruch schmecken wolle. Diese Haltung mit hocherhobenem Kopf und gekräuselten Lippen nimmt der Hengst ein, wenn er eine rossige Stute beschnuppert hat; bei Tieren beiderlei Geschlechts kommt sie nach dem Beriechen frischen Urins vor oder einfach in Nachahmung eines anderen flehmenden Tieres.

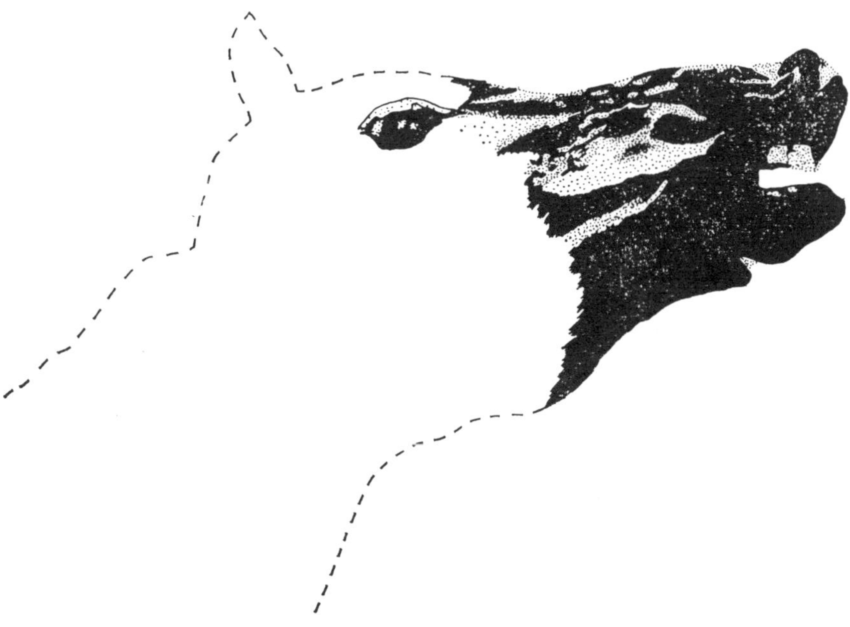

Abb. 8 Das Flehmen.

EINIGE ASPEKTE DER PFERDEZUCHT

Selbst Charles Darwin, der größte aller Biologen, glaubte einmal an die Theorie der Telegonie, der angeblichen Fähigkeit des ersten Sexualpartners, auch die Nachkommen aus späteren Paarungen mit anderen Hengsten zu beeinflussen. Zu derselben Zeit, in der ersten Hälfte des neunzehnten Jahrhunderts, war auch die Ansicht sehr stark verbreitet, daß die Entwicklung des Fötus im Mutterleib von den Eindrücken abhinge, denen die Mutter ausgesetzt war. Das ging so weit, daß ein Bauer, der z. B. gern schwarze Kälber haben wollte, es für angebracht hielt, seinen Stier schwarz anzumalen. Und trotz klarer Gegenbeweise wie z. B. der Tatsache, daß die Fohlen noch immer mit normalen Schweifrüben zur Welt kamen, obwohl man sie ihnen generationenlang kupiert hatte, hielt man es für recht wahrscheinlich, daß erworbene Eigenschaften wie z. B. kupierte Schweifrüben durch den Samen auf die Nachkommen übertragbar wären.

Es ist zweifelhaft, ob diese Theorien und abergläubischen Vorstellungen wirklichen Einfluß auf die Methoden der Pferdezucht hatten, die immer auf irgendeiner Art der Auswahl des Zuchtmaterials beruhte. Wie diese Auswahl getroffen wurde, hing natürlich von den Umständen ab. Im New Forest, wo das Zuchtziel ein nützliches Durchschnittspony ist, das in seine Umgebung paßt, werden die schlechteren Hengste ausgesondert und nur ausgewählte einheimische Hengste zur Zucht mit den Forest-Stuten zugelassen. In anderen Gegenden verwendet man vielleicht Araber- oder Vollbluthengste zur Veredelung der einheimischen Pferde oder, wie bei der Hunterzucht, zur Erzielung eines Reitpferdes, das an Qualität seiner Mutter überlegen ist. Andererseits halten die Züchterverbände die Stute für fast ebenso wichtig wie den Hengst, und bevor zwei Partner zusammengebracht werden, studiert man beider Abstammung mit großer

Sorgfalt. Das gilt besonders für die Vollblutzucht, bei der es nicht darauf ankommt, möglichst viele Tiere von gutem Durchschnitt, sondern einige wenige mit überragenden Fähigkeiten unter optimalen Haltungs- und Pflegebedingungen hervorzubringen.

Außerhalb der Vollblutwelt unterliegt die Wahl des Hengstes und der Stute viel mehr dem Zufall; hier geht es mehr darum, eine Stute von einem erschwinglichen Hengst in der Nachbarschaft decken zu lassen. Und diese Hengste werden hauptsächlich nach ihrem Äußeren eingeschätzt, nach ihrem Gebäude und anderen Eigenschaften, von denen man nicht sicher weiß, ob sie sich vererben oder nicht. Die Fellfarbe ist erblich und ist für einige Rassen — z. B. Suffolk Punch, Cleveland Bay und Palomino — wichtig. Manche Farben sind auch besonders beliebt, weil sie angeblich mit Ausdauer, Mut und anderen wünschenswerten Eigenschaften gekoppelt sind. Aus verschiedenen Gründen einschließlich der Tatsache, daß es gute Pferde in allen Größen und Farben gibt, muß ein Zuchtprogramm, das ausschließlich auf die äußere Erscheinung der Elterntiere ausgerichtet ist, zu Enttäuschungen führen. Aber auch die Bewertung der elterlichen Leistung bringt nicht viel weiter, denn individuelles Können hängt in starkem Maße von nicht erblichen Faktoren wie guter Haltung und Vermeidung von Krankheiten und Verletzungen ab.

Ob ein Zuchtmaterial gut ist, läßt sich einzig und allein dadurch beweisen, daß man prüft, ob die Nachkommen den geforderten Leistungsstand erreichen. Das ist jedoch ein zeitraubendes Verfahren: selbst bei dem frühreifen Vollblüter bedeutet das, daß man sich über einen Hengst erst ein Urteil bilden kann, wenn er sechs oder sieben Jahre alt ist und seine Nachkommen als Zwei- bzw. Dreijährige Gelegenheit hatten, ihre Fähigkeiten auf der Rennbahn unter Beweis zu stellen. Aus reiner wirtschaftlicher Notwendigkeit müssen die Züchter ihre Auswahl zuerst nach dem Phänotypus, d. h. der äußeren Erscheinung und individuellen Leistung eines Zuchttieres, treffen und später erst den Genotypus, d. h. die Fähigkeit, die gewünschten Qualitäten weiterzugeben, anhand des Äußeren und der Leistung der Nachkommen zu überprüfen. Bei diesem Auswahlprozeß können die Stammbücher der Züchterverbände eine Hilfe sein, und das gilt besonders für das Vollblut.

Im Jahre 1897 veröffentlichte Galton, ein hervorragender Anthropologe, eine statistische Vererbungslehre, wonach die beiden Elternteile zusammen eine Hälfte zur Erbanlage der Nachkommen beitrügen, die vier Großeltern ein Viertel, die acht Urgroßeltern ein Achtel usw. Dieses »Vererbungsgesetz« beruht zwar auf einer falschen Theorie, kann jedoch den Züchtern von Rassepferden als eine Art grober Leitlinie dienen, nach der sie die Elternteile aussuchen und die wahrscheinlichen Fähigkeiten der Nachkommen berechnen. Nach Leicester (35) ist es bei Vollblutzüchtern allgemein im Gebrauch, um das Stehvermögen eines unerprobten Rennpferdes oder die wahrscheinliche Leistung eines ungeborenen Fohlens abzuschätzen. Galtons Formel macht es wirklich möglich, vermutliche Lang- und Mittelstreckenpferde von den Sprintern, die nur Entfernungen unter einer Meile bewältigen, zu trennen.

Die Mendelschen Gesetze bezüglich der Vererbung gegensätzlicher Eigenschaften wurden nach vierzig Jahren der Vergessenheit im Jahre 1900 wieder ausgegraben und der Welt mitgeteilt. Mit überwältigendem Optimismus glaubten die Züchter, ihre Kreuzungen nun endlich so einrichten zu können, daß in Übereinstimmung mit den offensichtlich einfachen Mendelschen Verhältniszahlen mathematisch sichere Ergebnisse zu erzielen seien. Der erfolgreiche Vollblutzüchter Frederico Tesio schreibt über seine erste Bekanntschaft mit Mendels Werk: »Es war für mich eine Offenbarung. Endlich hatte ich verstanden, warum von zwei Vollblütern gleicher Abstammung, also Vollbrüdern, einer ein Fuchs und ein großes Rennpferd und der andere ein Brauner mit mittelmäßiger Rennleistung werden kann, obwohl beide gut gebaut sind und keine offensichtlichen Mängel aufweisen.«

Soweit es die Vererbung einfacher gegensätzlicher Eigenschaften betraf, lieferte die Mendelsche Theorie tatsächlich zufriedenstellende Antworten. Bei der Vererbung der Fellfarbe z. B. ist die Fuchsfarbe allen anderen Farben gegenüber rezessiv, man kann also mit einiger Sicherheit vorhersagen, daß es fuchsfarbene Fohlen gibt, wenn man Füchse mit Füchsen paart. Auch wie sich andere Farben vererben, läßt sich mit verhältnismäßiger Genauigkeit vorhersagen. Anders war es allerdings, wenn es darum ging, das Erbmuster der vielen verschiedenen Faktoren auszuarbeiten, die ein gutes Rennpferd, einen zuverlässigen Hunter oder einen anderen Spezialtyp ausmachen. Ein Gutteil der Enttäuschung der praktizierenden Züchter mit der Genetik stammt aus der Zeit, als man den ersten Schimmer des Verständnisses für den Vererbungsmechanismus fälschlicherweise für restloses Verstehen hielt.

Seit damals hat sich unser Wissen über die Struktur und Chemie von Zellen und ihrer Chromosome und Gene sowie die mathematische Analyse genetischer Vorgänge natürlich erheblich erweitert. Die Entdeckung, daß die Basis des Erbmaterials aus Desoxyribonukleinsäure (DNS) besteht, ist von unschätzbarer Bedeutung, und überhaupt ist über Vererbung heute soviel bekannt, daß die Erkenntnis, daß Pferdezüchter immer noch auf die überkommenen Praktiken von Zuchtwahl nach Phänotypus und Überprüfung der Nachkommen angewiesen sind, etwas von einem Schock hat. Vielleicht ist dies aber unvermeidlich, weil jeder Züchter mit nur wenigen Exemplaren einer sich langsam fortpflanzenden Art zu tun hat, bei der 90 Prozent der Gene wahrscheinlich allen gemeinsam, vielleicht 5 Prozent den verschiedenen Rassen eigen und möglicherweise nicht mehr als 5 Prozent für die individuellen Abweichungen vom durchschnittlichen Leistungsstand verantwortlich sind — und davon sind einige auch noch unter dem Durchschnitt. Die Beschäftigung mit der Genetik lohnt sich aber trotzdem, und sei es nur deshalb, weil sich damit die vermeidbaren Zufälle in der Zucht aufzeigen lassen.

So hat Archer (5) z. B. festgestellt, daß die Bluterkrankheit oder Hämophilie, die nur bei Männern zum Ausbruch kommt und ihr Leben auf tragische Weise verkürzen kann, auch bei Vollblütern vorkommt. Es wird angenommen, daß sich die Krankheit bei Mensch und Pferd auf gleiche Weise vererbt, nämlich durch ein vom Geschlecht abhängiges rezessives Gen, das an die x-Chromosomen angehängt ist.

Das Pferd besitzt zweiunddreißig Chromosomenpaare, von denen eines, xx, nur beim weiblichen und ein anderes, xy, nur bei männlichen Tieren vorhanden ist. In seltenen Fällen kann es vorkommen, daß ein x-Chromosom als Träger eines Gens fungiert, das die Herstellung eines für die Blutgerinnung wesentlichen Blutproteins verhindert. Ohne dieses Protein kann jede kleinste Verletzung zu unstillbaren Blutungen führen. Da das Gen rezessiv ist, kommt dieser anormale Blutereffekt nur bei männlichen Tieren mit ihrem in dieser Beziehung unwirksamen y-Chromosom zum Ausbruch. Im Falle eines weiblichen Tieres dominiert das normale x-Chromosom über das rezessive Gen des anderen x-Chromosoms, so daß die Fähigkeit zur Blutgerinnung nicht beeinträchtigt ist. Solch ein weibliches Tier ist jedoch ein Träger und kann das Gebrechen an die Nachkommen vererben.

Ein von dieser Krankheit betroffener Hengst wird wohl kaum lange genug leben um sich fortzupflanzen, und so wird beim Pferd die Krankheit normalerweise durch die Stute übertragen, die natürlich dem Anschein nach ganz in Ordnung ist. Läßt man solch eine Trägerstute von einem gesunden Hengst decken, ist zu erwarten, daß sie im Durchschnitt die gleiche Anzahl kranker und gesunder Nachkommen hervorbringt, d. h. die Hälfte der Stutfohlen sind Überträger und die Hälfte der Hengstfohlen Bluter. Nur wenn das Gebrechen bei den Fohlen festgestellt wird, läßt sich die Erkrankung auch bei der Mutterstute erkennen, so daß man sie samt ihren Nachkommen von der Zucht ausschließen kann.

Von praktischer Bedeutung für den Züchter ist auch die Studie bezüglich der Vererbbarkeit der vielen im Blut vorhandenen Faktoren, die man in manchen Fällen als Bluttypen zusammennehmen kann. Ende des neunzehnten Jahrhunderts war allgemein bekannt, daß die roten Blutkörperchen entweder agglutinierten oder zerfielen, wenn man menschliches Blut mit dem einer anderen Art zusammenbrachte, und bald darauf zeigte die Entdeckung des ABO-Systems im menschlichen Blut, daß es auch im Blut von Vertretern derselben Art Unterschiede gab, die die gleichen gefährlichen Folgen haben konnten, wenn man für eine Transfusion eine unverträgliche Blutgruppe verwendete.

Natürlich sind die Bluttypen von Mensch und Pferd sehr verschieden voneinander, aber Ähnlichkeiten sind dennoch vorhanden. So führte z. B. die Entdeckung, daß die Gelbsucht bei Säuglingen durch eine Unverträglichkeit der Blutgruppen von Mutter und Kind verursacht wurde, etwas später zu dem Schluß, daß auch die neonatale

Gelbsucht der Fohlen auf eine ähnliche Art entstand. Es gibt allerdings wichtige Punkte, in denen die beiden Krankheiten sich unterscheiden. Bei Menschen kann die Krankheit auftreten, wenn eine Frau mit rhesus-negativem Blut ein Kind mit einem vom Vater ererbten rhesus-positiven Blutfaktor erwartet. Die Mutter kann dann Antikörper gegen die roten Blutkörperchen ihres Babys entwickeln, so daß dessen rote Blutkörperchen zerstört werden und das ungeborene Kind an Anämie und Gelbsucht leidet.

Bei der Hämolyse der Pferde entwickelt die Stute ebenfalls Antikörper gegen eine unverträgliche Blutgruppe des Fohlens, aber diese gehen nicht schon im Mutterleib auf das Fohlen über, sondern konzentrieren sich im Kolostrum, der ersten Muttermilch, zusammen mit nützlichen Antikörpern, die das neugeborene Fohlen gegen Infektionen schützen, wenn es die Sicherheit des Mutterleibes verläßt. Deshalb kann man, wenn eine Blutuntersuchung die Möglichkeit eines hämolytischen Fohlens anzeigt, die Krankheit dadurch vermeiden, daß man die gefährliche erste Milch nicht verwendet und das Fohlen in den ersten sechsunddreißig Stunden anders ernährt, möglichst mit ungefährlichem Kolostrum z. B. aus einer »Kolostrum-Bank« oder mit der Unterstützung von Antiserum oder Antibiotika, bis sich der eigene Schutzmechanismus des Fohlens gegen Infektionen entwickelt hat. Bei hämolytischen Fohlen sind mehrere verschiedene Antikörper und Antigene festgestellt worden; die Krankheit ist jedoch recht selten und scheint mehr bei Vollblütern als bei anderen Rassen aufzutreten.

Die vielen Gene, die die verschiedenen Blutfaktoren ausmachen, können bei der Vererbung die verschiedensten Permutationen eingehen, und das macht es unwahrscheinlich, daß auch nur zwei Pferde genau den gleichen Bluttyp haben. Anhand der Zusammensetzung des Bluttyps kann man daher ein Tier positiv identifizieren, und der Bluttyp kann in der Zukunft zum normalen Bestandteil der offiziellen Beschreibung eines Vollblüters werden, zusammen mit Farbe, Abzeichen usw. Und weil sich Blutgruppen nach dem Mendelschen Gesetz vererben, sind sie auch ein recht zuverlässiges Mittel, zweifelhafte Abstammungen zu klären. Scott (51) stellt fest, daß die Blutgruppen die klassischen Bedingungen für solche Nachforschungen erfüllen: sie entstehen bei der Geburt oder unmittelbar danach, sie bleiben das ganze Leben unverändert, und sie lassen sich in zuverlässigen Labortests nachweisen. Meist entsteht ein Streit über die Vaterschaft. Ein Hengst kommt als Vater eines Fohlens nicht in Frage, wenn dieses Blutfaktoren besitzt, die weder bei ihm noch bei der Mutterstute vorhanden sind, bzw. wenn erbliche Blutfaktoren, die er seinen Nachkommen nach den Gesetzen der Genetik hätte vererben müssen, bei diesen nicht nachzuweisen sind.

Wie es scheint, ist die Hämolyse die einzige Krankheit der Pferde, die direkt mit besonderen Blutgruppen zusammenhängt. Und eine offensichtliche Beziehung zwischen Blutgruppen und physischer Leistungsfähigkeit gibt es nicht, was nicht verwunderlich ist, denn Eigenschaften wie Schnelligkeit und Ausdauer setzen sich aus vielen verschiedenen, teils erblichen, teils erworbenen Eigenschaften zusammen. Auch Widerstandsfähigkeit gegen Krankheiten ist ein quantitativer Faktor, der sowohl von der Umwelt als auch von der Erbanlage beeinflußt wird und allem Anschein nach nichts mit einer besonderen Blutgruppe zu tun hat. Beim Menschen allerdings kommen bestimmte Krankheiten wie z. B. Magenkrebs und Zwölffingerdarmgeschwüre besonders gern im Zusammenhang mit bestimmten Blutgruppen vor, und von einer anormalen Form von Hämoglobin, das hauptsächlich bei Tropenbewohnern vorkommt, hat sich herausgestellt, daß es eine gewisse Widerstandskraft gegen Malaria verleiht. Mit der Zeit werden beim Pferd vielleicht noch ähnliche Zusammenhänge aufgedeckt.

Zu den auffallendsten Eigenschaften eines Pferdes gehört seine Farbe, und es ist sehr verständlich, daß Züchter immer einmal wieder eine besondere Farbe bevorzugten, weil sie glaubten, daß ein Zusammenhang zwischen ihr und besonderer Leistungsfähigkeit oder einer robusten Konstitution bestünde. In Wirklichkeit gibt es jedoch keinen ersichtlichen Zusammenhang zwischen Fellfarbe eines Pferdes und seiner Leistung, dafür aber um so mehr Aberglauben, der seine Wurzeln vielleicht noch in heidnischen Zeiten hat, als das Pferd für irdische Belange ebenso wichtig war wie für die religiösen Zeremonien, die die Welt der Götter und Geister mit der der Irdischen verbanden. Im alten Rhodos etwa wurde jedes Frühjahr ein Schimmel an

Pinto. Das gescheckte Reitpony des amerikanischen Westens, von Rothäuten und Cowboys gleichermaßen geschätzt.

einen brennenden Wagen geschirrt und ins Meer getrieben, damit er dem Sonnenwagen nach den langen Monaten der Winterschwäche zu Hilfe käme. Im Orient betrachtet man bis auf den heutigen Tag bestimmte Farben, Abzeichen oder Haarwirbel als glück- bzw. unglückverheißend für den Reiter, und in England werden manche Leute nur ungern einen Rappen auf einer Jagd reiten, weil das Unglück bringen soll, obwohl man im Mittelalter mit Vorliebe auf Rappen in den Kampf zog. Helle, verwaschen aussehende Pferde werden abgelehnt, weil sie angeblich weniger ausdauernd sind, und Füchse stehen wie rothaarige Menschen im Verdacht, unvorsichtig und übererregbar zu sein.

Kein Pferd könnte gutmütiger sein als der Suffolk Punch, der nur in der Fuchsfarbe vorkommt, weil nur Füchse im Stammbuch aufgenommen werden. Zum Glück lassen sich Füchse gut züchten, weil die Fuchsfarbe gegen alle anderen Farben rezessiv ist und ein Fuchs eine andere Farbe in seinem Genotypus nicht verbergen kann. Wenn man eine Fuchsstute von einem Fuchshengst decken läßt, ist das Fohlen totsicher wieder ein Fuchs. Dagegen muß es viele Enttäuschungen gegeben haben, bevor sich die rötlichbraune Farbe der Cleveland Bays als Zuchtmerkmal verankern ließ, denn sie verhält sich dominant gegenüber dunkelbraun, schwarz und fuchsfarben. Die genetischen Bedingungen für diese Farben können daher in einem rötlichbraunen Pferd verborgen vorhanden sein, so daß die Nachkommen braun, schwarz, fuchsfarben oder rötlichbraun ausfallen können. Die unerwünschten Farben lassen sich in langen Generationen konsequenter Zuchtwahl herauszüchten, wie es beim Cleveland Bay geschehen ist, der sich zu einer genetisch reinen Rasse von Rötlichbraunen entwickelt hat und sich farbtreu vererbt.

Bei der Vererbung der Farbe handelt es sich nicht nur darum, widersprüchliche dominante und rezessive Eigenschaften an die nächste Generation weiterzugeben. Die Farbschattierung und ihre Verteilung über Kopf, Hals und Körper sowie das Auftreten der verschiedenen weißen und andersfarbigen Abzeichen an den Beinen, im Gesicht und an anderen Körperteilen hängen von mehr als einem Dutzend verschiedener Gene ab. Daraus können sich soviel Wechselwirkungen ergeben, daß dies für einige Zuchtprogramme Probleme mit sich bringt. Das Palominomuster z. B., ein blaßgoldenes Fell mit silberweißem Schweif und ebensolcher Mähne, entsteht durch die Aufhellung der Fuchsfarbe durch ein Gen, das aber so wirkt, daß nur etwa die Hälfte der Nachkommen aus Kreuzungen von Palominos mit Palominos wieder Palominos werden. Diese Farbe kann nicht in eine Rasse hineingezüchtet werden, sie muß zufällig entstehen oder durch die Kreuzung von Vertretern des geeigneten Genotypus, die selbst nicht unbedingt Palominos zu sein brauchen. Nach Jones und Bogart (31) ist eine 100prozentige Palominonachkommenschaft zu erwarten, wenn man einen cremefarbenen Hengst mit hellen Augen (Glasaugen) mit Fuchsstuten mit weißem Schweif und weißer Mähne kreuzt. Sie sind jedoch von stumpferer Farbe als die goldglänzenden

Palomino. Der Name bezieht sich mehr auf die Fellfarbe als auf die Rasse. Das goldfarbene Fell mit weißer Mähne und weißem Schweif vererbt sich nicht dominant.

Produkte aus Kreuzungen von Palomino und Fuchs, von denen aber nur die Hälfte der Nachkommen die begehrte Palomino-Jacke tragen.

Noch komplizierter ist die Vererbung beim gefleckten Fell des Appaloosa; dazu gehören einige Farb- und eine Reihe von Modifikationsgenen. Aus den vielen Permutationen, die bei der Vererbung so vieler Faktoren möglich sind, können die verschiedensten Zeichnungen entstehen, vom lebhaft gefleckten bis zum vollständig ungefleckten Fell. Auch ein ungeflecktes Tier weist fast mit Sicherheit die grundlegenden Eigenschaften auf, die den Appaloosa ausmachen: eine gefleckte Haut, viel Weiß im Auge und gestreifte Hufe.

Die Schimmelfarbe wird als variables Mosaik schwarzer und weißer Haare auf dunkler Haut beschrieben. Je älter das Tier wird, desto heller wird das Fell. Die Schimmelfarbe verhält sich allen anderen Farben gegenüber dominant, d. h. aus der Kreuzung Schimmel mit Schimmel können Braune, Schimmel, Rappen oder Füchse entstehen – es sei denn, es handelte sich um genetisch reine Schimmel. Die Redensart, daß es keine »weißen Schimmel« gibt, ist nicht ganz rich-

Appaloosa. Eine gefleckte Pferderasse, von den Nez Percé-Indianern aus spanischen Pferden gezüchtet und heute in Europa und besonders Amerika weit verbreitet.

tig: es gibt eine Form von Albinismus, bei dem Haut und Fell fast ohne Pigment sind. Schuld daran ist ein rezessives Gen in Verbindung mit anderen Genen. Albinismus läßt sich züchterisch nicht fixieren wie die Fuchsfarbe. Die Tiere sind übermäßig empfindlich gegen Sonneneinwirkung und haben auch andere unerwünschte Schwächen. In seiner genetisch reinen Form ist Albinismus tödlich. Wenn man Albinos mit Albinos kreuzt, stirbt der Fötus, der den Albinofaktor in reiner Form erbt, schon im Mutterleib. Aus solchen Kreuzungen sind ein Viertel farbige, eine Hälfte weiße und ein Viertel ungeborene Nachkommen zu erwarten.

Ungefähr zehn Prozent der Föten sterben, unabhängig von der Fellfarbe der Mutter, in den ersten zwei Monaten der Schwangerschaft ab. Wahrscheinlich ist nur ein Bruchteil dieses Verlustes auf vererbte tödliche Merkmale irgendwelcher Art zurückzuführen, und es wäre falsch, ihre ökonomische Bedeutung zu übertreiben. Durch Inzucht werden die rezessiven Merkmale eines Genotyps aber mit Sicherheit konzentriert, und die verminderte Fruchtbarkeit bei ingezüchteten Tieren kann sehr wohl eine Folge der Anhäufung tödlicher Faktoren sein. Der Albino ist ein extremes Beispiel für diese potentielle Gefahr.

HANDWERK RUND UMS PFERD

Bei seinem ersten Auftreten als Haustier dreitausend Jahre v. Chr. geht das Pferd als Zugtier vor dem Karren, ein Beweis dafür. daß die Menschen damals schon die komplizierte Technik des Wagenbaus und der Herstellung von Zuggeschirren beherrschten. Ohne diese und andere Erzeugnisse ist eine volle Ausnützung der Pferdekraft nicht möglich, und angesichts der immensen Bedeutung der Pferdekraft in der antiken Welt ist es erstaunlich, daß in den folgenden zweitausend Jahren so wenig geschah, um die primitive Methode, ein Pferd vor ein Vehikel auf Rädern zu spannen, zu verbessern oder so verhältnismäßig einfache, aber offensichtlich nützliche Artikel wie Sättel, Steigbügel und Hufeisen zu erfinden.

Bevor der Mensch das Pferd zähmte, verwendete er Ochsen als Zugtiere, die paarweise unter einem Joch rechts und links von einer Deichsel gingen und mit einem Zügel gelenkt wurden, der in einem Kupferring durch Nase oder Oberlippe des Zugtieres endete. Dann zähmte man in Mesopotamien den Onager und spannte ihn auf ähnliche Weise wie den Ochsen vor den Streitwagen. Auf dem schmalbrüstigen Onager fand das Joch aber wenig Halt und mußte mit einem breiten Halsriemen festgehalten werden, der seinerseits durch einen zwischen den Vorderbeinen durchlaufenden, an einem Gurt um den Bauch befestigten Riemen gesichert wurde. Dieser Halsriemen besaß den großen Nachteil, daß er auf die Luftröhre und die Halsschlagadern drückte, wenn das Tier sich ins Geschirr legte. Die Zugkraft eines Tieres in diesem Geschirr wird auf 75 Prozent weniger geschätzt als die, die mit einem modernen Brustblatt oder Brustgeschirr zu erzielen ist. Ein Vorzug des Halsriemens bestand vielleicht darin, daß bei der notorischen Unlenkbarkeit seiner Onager der Streitwagenlenker manchmal sehr froh gewesen sein mag, daß er

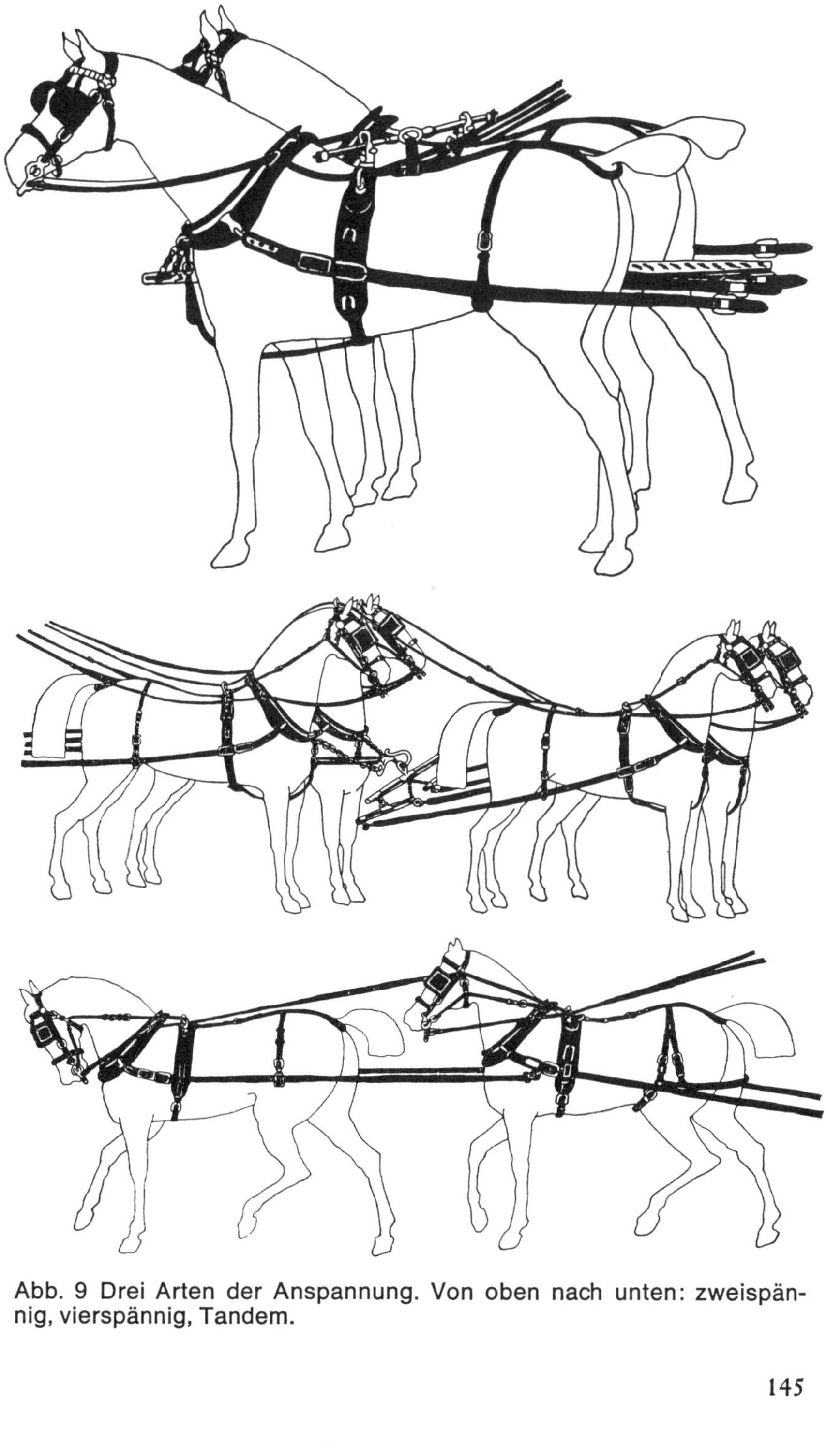

Abb. 9 Drei Arten der Anspannung. Von oben nach unten: zweispännig, vierspännig, Tandem.

außer dem Nasenring noch den Würgeeffekt des Halsriemens hatte, um sein Gespann am Durchgehen zu hindern.

Im Verlauf der Zeit ersetzte das Pferd den Onager und erbte dessen Zuggeschirr, nur daß es statt mit dem Nasenring mit Hilfe eines Gebisses gelenkt wurde, manchmal auch mit einer Art tiefsitzendem Nasenriemen, der auf den unteren Teil des Nasenrückens drückte, wenn die Zügel angezogen wurden, und so die Würgewirkung des Halsriemens auf Luftröhre und Schlagadern verstärkte. Eine weitere Lenkmöglichkeit war durch die Machart einiger dieser Wagen gegeben: bei den Einmann-Fahrzeugen der Ägypter schlang sich der Lenker oft die Zügel um den Körper, um die Hände für Bogen oder Speer frei zu haben. Mit Körperbewegungen konnte er dann sein Gespann lenken oder bremsen, wobei die Gewichtsverlagerungen bewirkten, daß mehr oder weniger Druck auf das Joch ausgeübt wurde, so daß sich auch damit die Geschwindigkeit beeinflussen ließ. Etwas früher wurde davon gesprochen, daß die Chinesen schon im vierten Jahrhundert v. Chr. ein verbessertes Wagengeschirr kannten, aber in Europa wurde erst im zwölften Jahrhundert n. Chr. ein wirksames Brustgeschirr allgemein verwendet. Etwa um diese Zeit wurde auch ein Zuggeschirr eingeführt, das den Zug mehr auf die Schultern als auf den Hals verlagerte, und die Methode, Pferde im Tandem — hintereinander — anzuspannen. Das waren eigentlich ganz einfache Dinge, aber sie bedeuteten eine enorme Verbesserung für die Kapazität des Pferdetransports, so daß nun viel größere Lasten über viel weitere Entfernungen als je zuvor befördert werden konnten. In der antiken Welt blieb man streng bei dem Prinzip, die Tiere unter das Joch zu spannen; lediglich bei der mit vier Pferden bespannten Quadriga gingen oft nur die beiden kräftigsten Pferde unter dem Joch, während die beiden anderen zu beiden Seiten mit Seilen angebunden waren. Mehr als eine halbe Tonne wurde gewöhnlich nicht befördert. Dagegen zitiert S. J. Tyler (61) einen Bericht aus dem siebzehnten Jahrhundert, der davon spricht, daß eine Kanone von viereinhalb Tonnen Gewicht von »fünfzehn Paar kräftigen Pferden« leicht zu ziehen war.

Die frühen Reiter ritten auf dem blanken Pferderücken in die Schlacht und verfolgten entweder eine Angriff-Flucht-Taktik mit dem Werfen des Wurfspießes oder eine Verwirrungstaktik mit dem Beschießen durch Pfeile aus einiger Entfernung, eine Taktik, die die berittenen Bogenschützen der Parther berühmt machten. Wenn es zum Kampf Mann gegen Mann kam, stiegen sie ab und kämpften zu Fuß mit Speer, Axt oder Schwert. Um das neunte Jahrhundert v. Chr. führten die Assyrer eine Art Tuch- oder Lederschabracke ein, die von den konservativeren Reitern zwar abgelehnt wurde, allmählich aber in den meisten Teilen der bekannten Welt zum festen Bestandteil der Kavallerieausrüstung wurde. Diese Schabracke verhinderte bis zu einem gewissen Grad die Reibung, die beim Reiten auf dem blanken Rücken entstanden war, trug aber nicht dazu bei, den Sitz des Reiters zu festigen, bis sie sich schließlich einige Jahrhunderte später zu einem mit Haaren ausgestopften Polster entwickelte, an dem Lederschlaufen oder eine andere primitive Form von Steigbügeln befestigt waren, in die der Reiter die Füße stecken konnte. Diese Neuerung erst ermöglichte den Reitern den Nahkampf mit schweren Waffen und veränderte die Kavallerietaktik und die ganze Kriegskunst von Grund auf. Es dauerte lange, bis sich der Steigbügel aus Metall entwickelte, und erst im sechsten Jahrhundert n. Chr. war er allgemein im Gebrauch. Vielleicht war ein emotioneller Faktor schuld an dieser Verzögerung: wie die teutonischen Stämme zu Cäsars Zeiten mit Verachtung auf diejenigen blickten, die Sattelpolster benutzten, so müssen Männer, die fast im wörtlichen Sinne auf dem blanken Pferderücken groß geworden waren, höchst wahrscheinlich die Verwendung von Steigbügeln als Zeichen von Unfähigkeit und Degeneration betrachtet haben.

Gelenkt wurde das Pferd schon von den ersten Anfängen der Domestikation an mit dem Gebiß, zuerst in Form einer einfachen Stange aus Horn, Bein oder Holz, und dann, als Kupfer, Bronze und Eisen zur Verfügung standen, in Form eines gebrochenen Mundstückes, das fast identisch ist mit dem heutigen Trensengebiß. Die Trense ist ein weiches Gebiß, das dem Pferd erlaubt, den Hals zu strecken und weit auszugreifen — bestens geeignet für offenes Gelände und dort, wo es auf höchste Geschwindigkeit und nicht auf schnelles Bremsen oder Wenden ankommt, unter anderen Umständen aber sehr gefährlich besonders wenn der Feind nahe ist. Die neue Technik des berittenen

Nahkampfs brachte die Notwendigkeit mit sich, das Pferd gut in der Hand zu haben, und so wurde um 300 v. Chr. ein schärferes Gebiß, die Kandare, entwickelt. Das Trensengebiß wurde und wird oft in Verbindung mit der Kandare verwendet, die einfache Zäumung auf Trense beschränkte sich jedoch mit der Zeit auf das Jagdfeld und die Rennbahn. Charles II., ein erfahrener Reiter, ging so weit, 1627 eine Verordnung zu erlassen, die es englischen Kavalieren verbot, »außer im Falle von Lustbarkeiten« auf reine Trense zu reiten.

Das Hufeisen in Form eines Metallrandes, der unter den Huf genagelt wurde, damit dieser sich nicht zu stark abnützte, kam etwa zu Beginn der christlichen Zeitrechnung in Gebrauch, angeregt vielleicht durch eine Reihe von zu dieser Zeit wirksamen Faktoren. Einmal wurde das Pferd in den römischen Provinzen im Norden, wo sich der Huf wegen des feuchten Klimas und des harten Bodens viel schneller abnutzte, in steigendem Maße für militärische und zivile Zwecke gebraucht. Dann wurde vom Pferd auch immer mehr verlangt, denn die Zeit der leicht bewaffneten Reiterei war vorbei und Waffen und Rüstungen wogen immer schwerer. Außerdem wurde ein ausgebildetes Kriegsroß aber auch mehr geschätzt, denn von der Tüchtigkeit seines Pferdes hing es ab, wie gut ein Krieger kämpfen konnte und wie sicher er dabei war. Wenn es lahm ging oder sich die Hufe abgelaufen hatte, fand sich nicht leicht ein gleichwertiger Ersatz. Sehr viel später wurde es so formuliert: »Der Reiter muß nur für sein Pferd leben, denn dieses ist seine Beine, seine Sicherheit, seine Ehre und sein Lohn.«

Bis zum achtzehnten Jahrhundert war es allgemein üblich geworden, Pferde zu beschlagen; woher der Brauch stammt, ist nicht mehr genau festzustellen. Aus den bereits erwähnten Gründen mag er sehr wohl in Nordeuropa entstanden sein, und zwar höchstwahrscheinlich bei den keltischen oder germanischen Stämmen, die große Erfahrung in der Eisenverarbeitung besaßen und außerdem einen Großteil der berittenen Hilfstruppen der Römer stellten. Sie hielten auch das erstaunliche Beförderungssystem einschließlich des Eilbotendienstes aufrecht, das die Provinzen mit Rom verband. Die Römer selbst besaßen nicht sehr viel Erfindergeist; die Idee des genagelten Hufeisens scheint ihnen nicht gekommen zu sein, obwohl sie verschiedene Arten von Lederschuhen und Metallplatten verwendeten, die sie über die Hufe von Pferden und Maultieren streiften oder banden, die auf der Straße jedoch von geringem praktischen Wert gewesen sein dürften. Weder in China noch im Mittleren Osten scheint man sich zu einem frühen Zeitpunkt dafür interessiert zu haben, und in einem heißen, trockenen Klima bleibt das Hufhorn auch hart genug, um sich bei mäßiger Beanspruchung auch ohne Metallschutz nicht allzu sehr abzunutzen. Im sechsten Jahrhundert v. Chr. schufen die Perser z. B. einen regelmäßigen Kurierdienst zu Pferde, der über die »Königliche Straße« von Sardis an der Ägäis über Ninive und Babylon nach Susa führte. Die Boten brauchten für die 2500 Kilometer neun Tage und wechselten alle 25 Kilometer die Pferde. Das ist ungefähr die Strecke, die ein unbeschlagener Huf als regelmäßige Arbeitsleistung ohne übermäßige Abnützungserscheinungen aushält. Den Nomaden der Steppe schreibt man gern alle Erfindungen auf dem Gebiet der Ausrüstung von Pferden zu, aber man darf bezweifeln, ob sie sich über einen Hufbeschlag viel Gedanken machten: sie pflegten ohne großes Gepäck unterwegs zu sein, jedem Reiter standen einige Pferde zur Verfügung, und der Boden war zum größten Teil ziemlich weich, so daß sich die Hufe wohl kaum besorgniserregend abnützten.

Merkwürdigerweise wohnt dem Hufeisen noch etwas von der Zauberkraft inne, die man früher dem Pferd und den Beschlagschmieden nachsagte. Der Schutzheilige der Beschlagschmiede, St. Eligius, besaß die Gabe, einen Pferdefuß vom Bein trennen und mit einem neuen Hufeisen wieder anfügen zu können – bei einem nicht schmiedefrommen Pferd eine große Hilfe. In *The Standard Dictionary of Folklore, Mythology and Legend* (34) steht zu lesen:

Die Zauberkraft des Hufeisens hängt offensichtlich damit zusammen, daß es aus Eisen gemacht ist, denn Eisen schützt gegen Hexen, böse Geister und andere Wesen, die dem Menschen übel wollen. Hufeisen werden am Kamin, über dem Eingang zum Stall, zur Wohnung und zur Kirche befestigt. Taylor hat über die Verwendung in England gesagt: auf der Hälfte aller Stalltüren findet man ein Hufeisen. In London sind sie an vielen Wohnungseingängen im Westend zu sehen, und viele Kirchen benutzen oder benutzten diesen Talisman. Der Teufel kann nicht herein, wenn ein Hufeisen über der Tür hängt. In den Vereinigten Staaten wird es viel als glückbringendes Symbol verwendet. Es bringt Glück, zufällig ein Hufeisen zu finden. Über seine Wirksamkeit zu Land und zu Wasser: Am Mast von Lord Nelsons Flaggschiff *Victory* soll ein Hufeisen befestigt gewesen sein.

Wichtig ist die Stellung des Hufeisens: mit den Schenkeln nach unten hat es eine Schutzwirkung, denn kein böser Geist kann unter einem Bogen aus Eisen durchgehen, und in der Heraldik werden Hufeisen immer so dargestellt. Als Glücksbringer müssen die Schenkel jedoch nach oben zeigen, damit das Glück nicht aus dem Eisen herausfällt; der Antidämonen-Effekt des eisernen Bogens ist damit allerdings verloren.

Seit neolithischen Zeiten war es Brauch, daß sich Handwerker in Gruppen zusammenschlossen. In Britannien z. B. gab es eine Reihe von Steinaxt-»Fabriken«, die ihre Produkte im ganzen Land vertrieben. Im Verlauf der Jahrhunderte gab es immer mehr Handwerksberufe, die sich in verschiedenen Zünften organisierten. Manche davon waren wiederum in Bruderschaften unterteilt und unterstanden einem Gericht oder Präsidium, das darauf achtete, daß Ordnung herrschte und das Gewerbe glühte und gedieh. Im großen und ganzen war das ein vorteilhaftes System. Jedes Gewerbe fühlte sich dafür verantwortlich, seine Mitglieder zu einem Zeitpunkt, als die Gesellschaft in besonderem Maß von der Geschicklichkeit des einzelnen abhängig war, auf einem hohen durchschnittlichen Leistungsniveau zu halten. Nicht daß Massenproduktion im Mittelalter unbekannt gewesen wäre: im zwölften Jahrhundert z. B. lieferte der Forest of Dean Richard Löwenherz fünfzigtausend Hufeisen für seinen dritten Kreuzzug, aber jedes Eisen war handgemacht, und damit es von befriedigender Qualität war, mußte jeder Handwerker eine lange Lehre durchlaufen, bis er ein gewisses Niveau der Fertigung erreicht hatte.

Viele der Londoner Speditionen wurden im Mittelalter gegründet. Sicherlich das älteste Handwerk, das mit dem Pferd zusammenhängt, ist die Fertigung von Gebissen, Sporen und Steigbügeln. Dieses Handwerk schloß sich im fünfundvierzigsten Jahr der Regierung Heinrich III., im Jahre 1261, zur Zunft zusammen. Nur wenige Jahre später, 1272, erhielt die »Hochwohllöbliche Gesellschaft der Sattler« ihre erste Charta von Edward I. Ihre Gründung geht aber möglicherweise schon auf eine anglo-sächsische Zunft im vorigen Jahrhundert zurück. Die Gesellschaft beherrschte einmal das gesamte Sattlergewerbe im ganzen Land, und ihre Gerichtsbarkeit hatte Zutritt zu allen Sattlerwerkstätten im ganzen Land, die sie auf Güte und Qualität ihrer Produkte überprüfen konnte. Diese Durchsuchungsermächtigung wurde später auf einen Umkreis von etwa drei Kilometer um die City of London beschränkt. Diese alte Verpflichtung wird von der Gesellschaft noch heute viermal im Jahr ausgeübt, und der Master darf jeden schlecht gemachten Sattel, den er in Cheapside findet, verbrennen. Und das mit Recht, denn nichts ist schädlicher für das Pferd und gefährlicher für den Reiter als ein schlecht gemachter Sattel. Der Wahlspruch der Gesellschaft lautet denn auch: »Hold Fast Sit Sure«.

Die Hochwohllöbliche Gesellschaft der Hufschmiede schloß sich unter dem Namen »Marshalls of the City of London« 1356 zu einer Körperschaft zusammen, von der nicht mehr viel bekannt ist, weil all ihre Unterlagen beim Großen Brand von London 1666 verlorengingen. Im Jahre 1674 gewährte Charles II. eine neue Charta aufgrund einer Petition der »Brüderschaft der Hufschmiede innerhalb der Stadtgebiete von London und Westminster, daß ihr Gewerbe und ihre Kunst sehr alt und für unsere Untertanen sehr nützlich ist, weil sie der Erhaltung der Pferde dient, und daß verschiedene ungelernte Personen in besagten Gebieten neuerdings diese Kunst ausüben, die wegen mangelnder Kenntnisse auf dem Gebiet der Erhaltung von Pferden schon viele Pferde verdorben haben.« Die Charta sah u. a. vor, daß niemand den Beruf des Hufschmiedes ausüben durfte, der nicht eine siebenjährige Lehre durchgemacht hatte; ferner ermächtigte sie das Zunftgericht »jedes Fehlverhalten, jede schlechte Arbeit und schlechte Medizin auszuforschen, aufzuspüren und aufzudecken«. Der Hufschmied des siebzehnten Jahrhunderts beschlug nicht nur Pferde, er wirkte auch als Roßarzt, und unter den Zunftregeln von 1678 findet sich auch diese:

... zur schnelleren Entdeckung von gestohlenen oder bei Diebstählen verwundeten Pferden soll niemand und kein Mitglied der besagten Gilde der Hufschmiede innerhalb der genannten Städte außerhalb der öffentlichen Hufschmiede, im Stall irgendeines Hauses oder Wirtshauses, ein Pferd verarzten oder sonstwie behandeln, auch ihm kein Eisen aufnageln außer in der öffentlichen Schmiede (mit Ausnahme von bösartigen oder unruhigen Pferden, die sich nur im Stall beschlagen lassen).

Die Hochwohllöbliche Gesellschaft der Stellmacher erhielt ihre Charta 1670 von Charles II., hauptsächlich um schlampiger Arbeit Herr zu werden »wodurch den Leuten auf den Straßen viel Unglück widerfährt, so sie von Karren und Wagen fallen, den Kaufleuten mit ihren Waren großer Schaden und den Herren Verlust und Schaden entsteht.« Sie ist ein besonders interessantes Studienobjekt, denn wie schon Bennett (7) erwähnt:

Obwohl die Hochwohllöbliche Gesellschaft der Stellmacher der City of London erst vor dreihundert Jahren gegründet wurde, gehört die Handwerkskunst des Stellmachers doch zu den ältesten Künsten des Menschen überhaupt. Die Methode, Räder für pferdegezogene Wagen herzustellen, hat sich 4000 Jahre lang kaum verändert, aber mit der Erfindung zuerst des Fahrrads und dann des Autos starb nicht nur das Handwerk aus, sogar seine Sprache ging verloren.

Dadurch, daß sie ihre alte Handwerkskunst hochhält, leistet die Gesellschaft einen Dienst von beträchtlichem historischem Wert. Sein Wert läßt sich ermessen, wenn man Sturts *Wheelwright Shop* (56) liest, in dem der Handwerker genau und liebevoll jede Einzelheit seines Gewerbes beschreibt, so daß man unerwartete Einsichten in andere Angelegenheiten gewinnt.

Sturt erwähnt z. B., daß die alte Methode, ein Rad vor übermäßiger Abnutzung zu schützen, darin bestand, daß man Eisenstreifen aufnagelte und der Zweck dieses eisernen Beschlages genau der gleiche war wie bei einem Pferd. Es erscheint möglich, daß der Gedanke des Hufbeschlags vom alten Verfahren des Stellmachers abgeleitet wurde. Und als ein Mann mit tiefem Verständnis für die Schönheiten seines Gewerbes staunt er über die Geschicklichkeit der alten Stellmacher:

Alles, was mit einer hölzernen Achse und ihren Rädern zusammenhängt, ist nur in Verbindung mit einer seit langem ansässigen Bevölkerung vorstellbar. Woher sollten Nomadenstämme — ich will nicht sagen die Erfahrung, aber auch nur das erforderliche Material dazu nehmen? Nicht jedes Holz, nicht einmal jedes Buchenholz, war dafür tauglich. Um erst einmal das richtige Rohmaterial zu erhalten, mußte der Baum zur richtigen Jahreszeit — und auf dem richtigen Boden — gefällt und zersägt werden. Zogen die wandernden Barbarenstämme eine Säge mit sich herum oder einen Vorrat von abzulagerndem oder abgelagertem Holz? Führten sie Werkbänke, Radgruben, die nötigen Äxte, Meißel und Handsägen mit sich? Und wenn nicht: Wie schafften die wandernden Stämme den langen Weg quer durch Europa? Oder wieviele tausend Jahre brauchten sie für die Wanderung? Gründeten sie Niederlassungen, übten sie sich in handwerklichen Künsten, daß es schien, sie seien ansässig geworden? und brachen sie dann doch wieder auf?

Von Pferden gezogene Fahrzeuge waren nicht nur aus dem Leben der nomadisierenden Steppenvölker nicht mehr wegzudenken, sie wurden, sobald endlich ein geeignetes Geschirr gefunden worden war, zu Lande das, was die Handelsschiffe auf dem Meer waren. Bevor es die Eisenbahn gab, waren sie und die Packtiere das Hauptverkehrsmittel für den Handel und in den meisten Ländern der Welt das wichtigste Mittel zur Interkommunikation. In vieler Beziehung war das Zugpferd wichtiger als das Reitpferd, das dem Menschen nur im Krieg und beim Sport dienlich war. Ob sie nun aber im Geschirr oder unter dem Sattel gingen: die Pferde brauchten Gebisse und Hufeisen. Man kann mit Recht sagen, daß die Handwerker in der Entwicklungsgeschichte des Pferdes eine bedeutende Rolle gespielt haben und daß es hauptsächlich den vereinten Fähigkeiten der Kunst- und Beschlagschmiede, der Stellmacher und Sattler zu verdanken ist, daß das Pferd an der Geschichte des Menschen einen so außergewöhnlichen Anteil hat.

LITERATURVERZEICHNIS

1 Allen, G. M., *The Mammals of China and Mongolia*, pt 2 (New York 1940), X.
2 Anderson, J. K., *Ancient Greek Horsemanship* (Berkeley 1961).
3 Andrews, R. C., *The New Conquest of Central Asia* (New York 1932).
4 Antonius, O., »Über Herdenbildung und Paarungseigentümlichkeiten der Einhufer«, *Zeitschrift für Tierpsychologie*, 1 (1937), pp. 259–89.
5 Archer, R. K., »True Haemophilia in a Thoroughbred foal«, *Veterinary Record*, 73 (1961), pp. 338–40.
6 Barminzew, Y., *The World's finest Horses and Ponies*, ed. R. Glyn (London 1972).
7 Bennett, E., *The Worshipful Company of Wheelwrights of the City of London 1670–1970* (Newton Abbot 1970).
8 Blenkinson, L. J., *History of the Great War – Veterinary Services* (London 1925).
9 Caesar, *The Conquest of Gaul*, tr. Handford, S. A. (London 1951).
10 Camp, C. L. and Smith, N., »Phylogeny and functions of the digital ligaments of the horse«, *Memoirs* (California 1942), XIII.
11 Cole, S., *The Neolithic Revolution*, 5th edn (London 1970).
12 Cole, S., *Animals in Archaeology*, ed. Brodrick, A. H. (London 1972).
13 Cracraft, J., »Continental drift, paleoclimate, and the evolution and biogeography of birds«, *Journal of Zoology*, 169 (1973), p. 455.
14 Crew, F. A. E. und Buchanan Smith, A. D., »The Genetics of the Horse«, *Bibliographical Genetica*, VI (The Hague 1930).
15 Darwin, C., *Variations of Animals and Plants under Domestication* (London 1868).
16 Drower, M. S., »The Domestication of the Horse«, in *The Domestication and of Plants and Animals*, ed. Ucko, P. J. and Dimbleby, G. W. (London 1972).
17 Edinger, T., »Evolution of the horse brain«, *Geological Society of America Memoirs*, 25 (1948).
18 Ewart, J. C., *The Penycuik Experiments* (London 1899).
19 Ewer, R. F., *Ethology of Mammals* (London 1968).
20 Fisher, H. A. L., *A History of Europe* (London 1973).
21 Fisher, J., Simon, N. and Vincent, J., *The Red Book* (London 1972).
22 Flower, W., *The Horse* (London 1891).
23 Glendinning, S. A., »A System of rearing Foals on an automatic Calf Feeding Machine«, *Equine Veterinary Journal*, 6:1 (1974).
24 Gray, A. P., *Mammalian Hybrids* (London 1971).
25 Hafez, E. S. E., Williams, M. and Wierzbowski, S., »The Behaviour of Horses«, in *The Behaviour of Domestic Animals* (London 1969).
26 Harper, F., *Extinct and Vanishing Mammals of the Old World* (New York 1945).
27 Harrison Mathews, L., *The Life of Mammals* (London 1969), 1.
28 Hayes, M. H., *Points of the Horse* (London 1952).
29 Herodotus, *The Histories*, tr. Aubrey de Selincourt (London 1954).

30 Hopwood, A. T., »The Former Distribution of Caballine and Zebrine Horses in Europe and Asia«, *Proceedings of the Zoological Society of London*, p. 897 1936).
31 Jones, W. E. and Bogart, R., *Genetics of the Horse* (Michigan 1971).
32 Klingel, H., »Soziale Organisation und Verhalten freilebender Steppenzebras«, *Zeitschrift für Tierpsychologie*, 24 (1967), English summary.
33 Kurten, B., *Pleistocene Mammals of Europe* (London 1968).
34 Leach, M. and Fried, J., *Standard Dictionary of Folklore, Mythology and Legend* (New York 1949), 1.
35 Leicester, C., *Bloodstock Breeding* (London 1957).
36 Lhote, H., *The Search for the Tassili Frescoes* (London 1958).
37 Lommel, A., *Prehistoric and Primitive Man* (London 1966).
38 Lydekker, R., »Note on the Skull and Markings of a Quagga«, *Proceedings of the Zoological Society of London*, 427:1 (1904).
39 Lydekker, R., *The Horse and its Relatives* (London 1912).
40 Lydekker, R., *The Game Animals of Africa* (London 1926).
41 Mitchell, P. C., *Thomas Henry Huxley* (New York and London 1900).
42 Mohr, E., *The Asiatic Wild Horse*, tr. Goodall, D. M. (London 1970).
43 Neve, C., »The Chinese Horse«, *The British Racehorse*, XXV: 5 (1973).
44 Noble, D., »The Mesopotamian Onager as a draught animal«, in *The Domestication and Exploitation of Plants and Animals*, ed. Ucko, P. J. and Dimbleby, G. W. (London 1969).
45 Oakley, K. P., *Man the Tool-Maker*, 6th edn (London 1972).
46 Pietrément, C. A., *Les Chevaux dans les Temps Préhistoriques et Historiques* (Paris 1883).
47 Phillips, E. D., *The Royal Horses* (London 1965).
48 Ridgeway, W., *The Origin and Influence of the Thoroughbred Horse* (London 1905).
49 Romer, A. S., *Vertebrate Palaeontology*, 3rd edn (Chicago and London 1966).
50 Salensky, W., *Przewalski's Horse*, tr. Hayes, M. H. and Bradley, O. C. (London 1907).
51 Scott, A. M., »Red Cell Groups of Horses«, *Proceedings of the 3rd International Conferences of Equine Infectious Diseases* (Paris 1972), pp. 384–93.
52 Shortridge, G. C., *The Mammals of South West Africa* (London 1934), 1.
53 Simpson, G. C., *Horses* (Oxford 1951).
54 Sisson, S. and Grossman, J. D., *The Anatomy of domestic Animals*, 4th edn (Philadelphia and London 1953).
55 Stirton, R. A., »Phylogeny of North American Equidae«, *Univ. of Calif. Publications of Geology*, 25 (1940), pp. 165–98.
56 Sturt, G., *The Wheelwright's Shop* (Cambridge 1974).
57 Summerhays, R. S., *Horses and Ponies* (London 1971).
58 Tegetmeier, W. B. and Sutherland, C. L., *Horses, Zebras, Mules and Mule Breeding* (London 1895).
59 Tesio, F., *Breeding the Racehorse* (London 1958).
60 Tregear, M., *Animals in Archaeology*, ed. Brodrick, A. H. (London 1972).
61 Tylden, G., *Horses and Saddlery* (London 1965).
62 Tyler, S. J., *The Behaviour and Social Organisation of New Forest Ponies. Animal Behaviour Monographs*, pt 2 (1972).
63 Van Lawick-Goodall, H. and J., *Innocent Killers* (London 1970).
64 Walton, A. and Hammond, J., »The maternal effects on growth and conformation in Shire horse-Shetland pony crosses«, *Proceedings of the Royal Society*, B125: (1938), p. 311.
65 Williams, M., »The Effects of Artificial Rearing on the Social Behaviour of Foals«, *Equine Veterinary Journal*, 6: 1 (1974).
66 Youatt, W., *The Horse* (London 1963).
67 Zeuner, F. E., *A History of Domesticated Animals* (London 1963).

STICHWORTVERZEICHNIS